운이
복리처럼 쌓이는
사람들의 습관

UN O SHIHAI SURU

by SAKURAI Shoichi, FUJITA Susumu

Copyright ⓒ 2015 SAKURAI Shoichi, FUJITA Susumu
All rights reserved.
Originally published in Japan by GENTOSHA INC., Tokyo.
Korean translation rights arranged with GENTOSHA INC., Japan
through THE SAKAI AGENCY and BC Agency.

'왜 저 사람은 뭐든 술술 잘 풀릴까?'

운이
복리처럼 쌓이는
사람들의 습관

사쿠라이 쇼이치 · 후지타 스스무 지음 | 김현화 옮김

빌리버튼

일상이란 대개 평범한 하루하루인 듯 흘러간다.

그런데 갑자기 커다란 운이 찾아오는 것처럼 보이는 사람이 있다.
그런 사람을 보고 우리는 '운이 좋다'고 말한다.

과연 운이 좋은 사람은 갑자기 기적을 맞이한 것일까?
부와 성공을 누리는 운명은 따로 있는 것일까?

그렇지 않다.

운은 누구에게나 공평하게 찾아온다.
운이 찾아올 때 그것을 자기 것으로 만드는 사람과
그렇지 못한 사람이 있을 뿐이다.

과연 운을 내 편으로 끌어오는 사람들의 비밀은 무엇일까?

운은 결코 비합리적이고 이해하기 힘든 것이 아니다.
매일 하는 행동이나 평소의 사고방식,
일이나 일상을 대하는 태도 같은 것이
운이라는 형태를 띠고 나타날 뿐이다.

운은 지극히 구체적이면서도 단순한 원리로 움직인다.
타당한 선택과 타당한 노력을 지속하다 보면
운은 복리처럼 차곡차곡 쌓이는 법.

당신의 노력과 실력이 제대로 보상받기 위해서라도,
운의 흐름에 올라타는 법을 이해해야 한다.

좋은 운을 끌어당기고,
나쁜 운을 차단하는
한 끗 차이.
그 결정적인 한 끗을 밝히고자 한다.

행운을 빈다.

일과 인생의 승부수를
던진 사람들에게

| 후지타 스스무

내가 작귀회雀鬼會의 회장 사쿠라이 쇼이치 씨와 만난 것은 학생
시절로 벌써 20년쯤 전의 일이다. 작귀회는 마작麻雀을 통해 정신
력을 단련하려는 젊은이들을 위해 설립된 도장이다. 당시 나의
청춘은 마작 일색이었다. 말 그대로 푹 빠져서 거의 매일 아침부
터 밤까지 마작장에 틀어박혀 있었다.

20년 무패 신화의 전설적인 고수 사쿠라이 씨는 당시에도 마
작 세계에서 타의 추종을 불허하는 전설적인 존재였다. 실력이
더욱 늘기를 간절히 바랐던 나는 '작귀雀鬼'로 불리는 희대의 승부
사가 어떤 방식으로 마작을 두는지 보고 싶다는 소박한 바람으

로 도쿄 마치다 시에 있는 작귀회 도장에 다니기 시작했다.

기간은 불과 1년 정도였지만, 그에게 배운 것은 적지 않았다. 그리고 마작을 통해 쌓은 지혜는 지금까지도 업무에서 활용하고 있다. 애초에 내가 사쿠라이 씨와 이 책을 내게 된 이유는 마작에서 배운 운의 흐름과 승부에 대한 감각을 우리의 일과 삶에서도 적용할 수 있겠다는 생각에서였다. 마작을 모르는 사람이라도 평생 승부의 세계의 몸담아온 고수에게서 많은 것을 배우게 될 것이다.

일이나 경영이라는 것이 성적순으로 결과를 낼 수 있다면 열심히 공부해온 대학 교수나 MBA 보유자가 가장 두각을 나타낼 테지만 현실은 그렇지 않다. 머리가 좋고 재능도 있는 데다 남보다 곱절로 노력한다 해도 눈에 보이지 않는 운이나 승패가 왔다 갔다 하는 기운을 읽지 못하면 그것들을 온전히 살릴 수가 없다. 문제는 운과 승부 감각이라는 것을 몇 마디 말로 간단히 설명하기가 힘들다는 것이다. 그래서 나는 이 책에서 20년간 '무패의 사나이'로 불린 사쿠라이 씨의 비결을 일반인과 비즈니스맨을 위한 언어로 풀어 분석하고자 했다. 실제로 마작을 유심히 살펴보면 비즈니스의 축소판과 같은 모습을 엿볼 수 있다. 다음과 같은 것들이다.

① 어떤 패가 오는지 알 수 없는 '불평등한' 위치에서 시작된다.

② 일정한 규칙에 따라 배분된 패를 바탕으로 다른 사람보다 어떻게 빨리, 크게 이기는지가 중요한 '상대적인 경쟁'이다.

③ 국局의 진행, 상대와의 점수봉의 차이 등 시시각각 상황이 격렬하게 변할 때에는 냉정하고 재빠른 '상황 판단력'이 요구된다.

④ 네 명 중 한 명만이 이기므로 대부분의 시간은 '인내심'을 필요로 한다.

비즈니스 세계에서도 곧잘 '불평등'하고 '상대적인 경쟁'을 하며 늘 '상황 판단력'이 요구되고 마지막에는 '인내심'이 승부를 가른다. 이 책에서 자주 언급하고 있듯이 나는 그것들의 대부분을 마작에서 배웠다고 해도 과언이 아니다. 그중에서도 나의 일과 인생에 큰 영향을 끼친 가르침을 묻는다면 '자기 자신을 다스리는 것'과 '정정당당하게 싸우는 것'을 꼽겠다.

보통 자신과의 싸움에서 지고 욕망에 굴복하는 사람들이 마작에서도 지는 경우가 많다. 사쿠라이 씨가 "세면대에서 마지막까지 얼굴을 들지 않는 자가 이긴다"라고 말했듯, 마작은 인내심 겨루기와 같은 면이 있다. 비즈니스에 있어서 빨리 편해지고 싶다는 생각에 지나치게 일을 서두르거나 거듭된 실패를 만회하려고 무리를 하는 사람, 다시 말해 자신을 다스리지 못하는 사람은 결국 욕망에 휩쓸려서 자멸하고 만다.

한편 비즈니스를 하다 보면 교활한 짓을 하거나 사람을 속여서 돈을 버는 쪽이 이득을 보고, 성실하게 일하는 쪽이 손해를 보는 것처럼 보일 때가 있다. 그러나 비겁한 수를 사용하고 싶은 유혹에 지면 거기서 끝이다. 타인으로부터 신용을 잃을 뿐만 아니라 성공하더라도 행복을 느낄 수가 없기 때문이다. 그래서 정정당당하게 싸우는 사람이 마지막에는 가장 강하다고 믿고 있다.

최근 학생 시절 이후로 소원했던 마작을 다시 시작했다. 나 자신도 모르는 사이에 마작을 통해 배웠던 것을 일에 적용하고 있었다는 사실도 깨달았다. 양쪽 모두 진검 승부를 벌이고 있다.

눈에 보이지 않는 운과 운의 흐름이란 무엇일까. 이것을 진지하게 고민하기 시작하면서 나의 삶은 바뀌기 시작했다. 과연 그것은 일에 있어서 어떤 형태로 나타나고 어떻게 활용되며 조절되는 것일까. 이 책을 읽는 분들이 그 힌트를 얻어 승리를 맛본다면 더할 나위 없이 기쁠 것이다.

2장 ◎　운을 붙잡는 행동 습관

3장 ◎ 나쁜 흐름을 끊다

4장 ◎　좋은 운을 지속하다

5장 ◎   운을 쌓기 위한 마지막 점검

1장

운을 불러오는 마음 습관

복잡하게 승부하면
패배한다

| 사쿠라이 쇼이치

게임이나 도박에서 처음 참가한 사람이 크게 이기거나 거금을 딸 때가 있다. 이른바 '초심자의 행운'이라는 것인데, 사실 단순히 운이 좋았다는 것으로 끝낼 이야기가 아니다.

초심자의 행운은 마땅히 일어나야 했기 때문에 일어난 것이지 결코 우연이 아니다. 이런 행운은 마작에서도 자주 볼 수 있다. 마작의 수手는 어려운 것에서부터 쉬운 것까지 매우 광범위하다. 하지만 초심자는 무엇이 어려운 수이고 쉬운 수인지 알지 못한다. 어렵고 복잡한 수가 선택지 안에 없기 때문에 필연적으로 단순한 수를 선택하게 된다. 그리고 그 단순한 수가 결과적으로 승리로 이어지는 것이다.

승부의 세계에는 복잡하면 패배한다는 보편적인 법칙이 있다. 'simple is the best(단순한 것이 가장 좋은 것이다)'라는 진리가 여기에도 적용된다. 어째서 심플한 것이 좋을까. 심플한 수는 군더더기가 없고 빨리 움직일 수 있기 때문이다. 초심자의 행운을 부르는 심플함은 '어렵게 생각하지 않는 것'이다. 승부를 복잡하게 만들지 않고 심플하게 하려면 쓸데없는 생각은 버리고 느끼는 바를 중요하게 여겨야 한다. 지식이나 정보가 늘어나면 아무래도 생각의 폭이 넓어져서 선택지가 많아진다. 그만큼 망설일 가능성도 높아져 결단하는 데 시간이 걸린다. 매사를 단순하게 처리하는 사람과 복잡하게 만드는 사람의 차이는 거기에 있다.

우리가 살아가는 사회는 복잡하기 그지없다. 과학 문명의 진화란 복잡화하는 과정 그 자체이고, 그 최첨단이 현대이다. 그런 이유로 복잡화하거나 추상화하는 것이 더할 나위 없이 고상한 일이라고 많은 사람들이 착각하고 있다. 그런 사회에서 살아가다 보면 저절로 복잡하게 사고하는 것이 습관이 돼버리곤 한다.

작귀회의 도장생들에게 내가 단순하게 하고 있는 것을 똑같이 시키면 눈 깜짝할 사이에 복잡하게 조작하기도 한다. 머리로 생각한 사소한 테크닉을 덧붙이는 것이다. 하지만 얄팍한 테크닉은 쉽게 간파당하기 때문에 자신을 무너지게 하는 실마리를 상대에게 제공하는 것밖에 되지 않는다.

심플하게 한다는 것은 단순하게 하는 것이다. 승부를 단순하게 겨룰 수 있으면 이길 확률도 당연히 높아진다. 내가 단순한 것이 중요하다고 말하면 "단순한 것일수록 사실 어렵지 않은가요?"라고 질문하는 사람도 있다. 일리는 있지만 생각하기 나름이다. 단순한 것은 단순하다. 말 그대로이다. 군이 영악하게 비틀고 복잡하게 만들기 때문에 패배하는 것이다.

많은 사람들이 운은 어딘가 비합리적이고 이성으로는 가늠할 수 없는 것이라고 생각한다. 하지만 운은 결코 이성으로 파악할 수 없는 비합리적인 것이 아니다. 예를 들어 어떤 사람에게 운이 따르는 것은 운이 다를 만한 필연적인 이치가 있기 때문이다. 다만 그 이치가 누구에게나 또렷하게 보이는 게 아닐 뿐이다.

나는 운이란 사람이 불러들일 수 있는 것이 아니라 운이 그 사람을 '선택한다'고 생각한다. 평소에 마땅히 해야 할 준비와 생각과 행동을 하면 운은 저절로 찾아오는 법이다. 같은 양의 에너지를 쏟아부어도 잘못된 사고방식으로 올바르지 않은 행동을 하면 당연히 운은 찾아오지 않는다. 하루하루를 살아가는 태도의 사소한 차이에 따라 운은 찾아오거나 찾아오지 않는다.

'나는 왜 이렇게 운이 없을까' 하고 한탄하는 사람은 그 전에 자신의 행동을 돌아보면 좋을 것이다. 순조로울 때 오만한 태도로 일을 가볍게 보지는 않았는가? 자신의 손익만 생각해서 주변 사람에게 배려가 부족하진 않았는가? 늘 안전만 생각하며 리스크를 짊어지는 데 망설인 건 아닌가? 대개 이런 사람은 업무나 대인관계에 있어서 뭔가 잘못된 말과 행동을 하고 있다.

　현실에서 그런 태도를 가지면서 운이 없다고 한탄하는 사람은 단순히 운에 책임을 전가하고 있을 뿐이다. 자신의 부족함이나 과오를 정면으로 보고 싶지 않기 때문에 운을 탓하는 것이다. 또 이런 사람은 다른 사람이 업무상 일이 잘 풀리는 것을 보고 '운이 좋기 때문'이라고 폄하하는 경우가 많다. 물론 그 사람에게는 일이 잘 풀리는 사람이 결과를 내기 위해 얼마나 노력했는지는 보이지 않을 테고 보려고도 하지 않을 것이다. 운 때문이라고 생각하면 자신의 태만이나 잘못을 돌아보지 않아도 되기 때문이다.

　운은 결코 비합리적이고 이해하기 힘든 것이 아니다. 매일 하는 행동이나 평소의 사고방식, 일이나 일상을 대하는 태도 같은 것이 운이라는 형태를 띠고 나타날 뿐이다. 그리고 지극히 구체적이면서도 단순한 원리로 움직인다. 마치 기적처럼 보일지라도 실은 그렇지 않다. 이 점을 확실하게 인지하면 운에 묘한 환상을 가져서 현혹되는 일은 없을 것이다.

심플한 것이
가장 강하다

| 후지타 스스무

마작뿐만 아니라 다른 게임에서도 초심자의 행운은 확실히 자주 나타난다. 나도 마작을 하면서 몇 번이나 경험했다.

주식 투자에서 초심자의 행운을 경험한 사람도 있을 것이다. '가족 단위로 자주 가는 외식 체인점은 항상 대기줄이 생길 정도로 붐비잖아. 그러니까 이 회사는 앞으로 더욱 성장하지 않을까?', '이 회사의 제품은 옛날부터 훌륭했지. 최근엔 평판이 떨어져서 주가가 떨어지는 모양이지만 원래 이렇게 쌀 리가 없어' 등 관심이 가는 회사를 체크하여 비교적 싸다고 느낄 때 투자를 하는 것이다. 그리고 주가가 올랐을 때 얼른 팔아서 이익을 낸다.

주식 초보는 매매에서 어느 정도 벌고 어느 정도 손해 보는지 실감하지 못하기 때문에 좋은 의미에서 담백하다. 욕심을 부리며 끈질기게 매달리지 않기에 좋은 결과가 나온다. 주식 투자를 할 때, 욕심을 내서 좀 더 벌 수 있다고 생각하면 머지않아 주가가 떨어져서 팔아야 할 타이밍을 놓치는 경우가 많기 때문이다.

그런데 초심자의 행운으로 이익을 본 사람은 무의식중에 주식이 간단하다고 여긴다. 그리고 제대로 공부하면 더 큰 이익을 볼 수 있겠다고 생각한다. 하지만 다양한 투자지표나 거시경제를 자세히 공부하기 시작하면 주식을 단순하게 볼 수 없게 된다. '지식'이 많아지면, 초심자의 행운을 불러왔던 '심플한 감각'을 잃어버리는 것이다.

또한 싸다고 생각했는데 더욱 떨어진다든가, 이제 충분히 올랐다고 생각했는데 더욱 오르는 '경험'을 거치면서 도대체 뭐가 맞는지 알 수 없게 된다. 그 결과 '주식은 쌀 때 사서 비쌀 때 판다'는 지극히 심플한 기본원칙은 잊어버리고, 주가가 충분히 높아도 여러 가지 정보를 얻은 후 제 나름대로 부가가치를 덧붙여서 '이 주식은 더 오를 거야'라고 판단해버리고 만다.

일도 마찬가지이다. 예를 들어 회사에서 어떤 사람이 사전 지식이나 경험 없이 서비스 업무를 담당하게 되었다고 하자. 처음에는 '내가 손님이라면 이렇게 해주기를 바라겠지' 하는 순수한 마음가짐으로 업무에 임하기 때문에 초심자의 행운처럼 일이 잘 풀려간다. 하지만 머지않아 '이 부문을 더욱 확대하려면 어떻게 해야 할까' 하고 생각하기 시작한다. 거래처나 상사와 교섭하여 신규 플랜을 짜거나 가격 전략을 추진하는 등 다양한 수를 생각해서 실행한다. 그리고 이리저리하는 동안 인력이 부족하거나 코스트가 맞지 않아서 알찬 서비스를 제공하는 것의 중요성을 놓치고 만다.

비즈니스 세계는 복잡하고 기이하다. 처음에는 누구나 단순한 마음가짐을 갖지만 지식이 늘어나면서 점점 혼란스러워지고 선을 벗어나며 미로에서 헤매게 된다. 경력을 쌓아가는 동안 힘든 일을 겪으면서 모든 것에 회의적이거나 자기방어적인 면이 생기는 사람도 있다. 물론 일을 하는 데 있어서 지식과 경험은 필요하다. 하지만 자신이 지나치게 어렵게 생각하고 있는 것 같다면, 예전에 꾸밈없이 사물을 보고 있었을 때의 심플한 감각을 다시 떠올려보는 것이 좋다.

나의 특기는 벤처 투자다. 스스로 투자 판단을 내려 과거 10년간 400억 엔 이상의 이익을 올렸다. 나의 투자 테크닉은 간단하다. 싸다고 생각할 때 사서 비싸다고 생각할 때 파는 것뿐이다. 또한 내가 운영하는 회사 사이버에이전트의 경영 전략을 짤 때도 마지막에는 단순하게 생각해서 결정한다. 비즈니스는 복잡하면 복잡할수록 대상을 단순하게 바라보는 능력이 너무나 중요하다. 휴대전화가 피처폰에서 스마트폰으로 옮겨가는 흐름이 시작되었을 때도 시장성이 어떻다는 둥 수급 관계의 균형이 나쁘다는 둥 흐름을 있는 그대로 보지 못하는 전문가가 상당히 많았다. 당시 피처폰이 쇠퇴하고 스마트폰 시장이 성장할 거라는 흐름은 아마추어가 봐도 뻔하고 단순한 것이었음에도 말이다.

전문가는 사물을 어렵게 파악하는 경향이 있다. 왜냐하면 쉽고 뻔한 말을 하면 자신의 존재 가치가 사라지기 때문이다. 따라서 나는 단순하게 생각할 필요가 있을 때는 전문가의 이야기를 듣지 않는다. 결국은 단순하게 생각하고 단순하게 행동하는 것이 가장 강하다. 지식이나 경험이 늘어나면 다양한 선택지가 발생하고 욕심이나 두려움이 망설임으로 이어진다. 중요한 순간에는 전문가의 의견에 의지하기보다 자기 자신을 믿는 강한 마음에 귀를 기울이자.

운의 흐름이 바뀌는
전환점

| 사쿠라이 쇼이치

마작으로 진검 승부를 펼치던 무렵, 나는 승부에 임하는 날 내 몫의 운의 양이 어느 정도인지 본능적으로 알 수 있었다. 나뿐만 아니라 대전 상대에 대해서도 마찬가지였다. 내뿜는 눈빛의 세기나 표정, 행동거지에서 상대의 운이 상당하다거나 혹은 대단치 않다는 느낌이 전해져오는 것이다.

실제로 마작을 두기 시작하면, 승부 전에 느꼈던 상대편 운의 양을 뒷받침하는 근거를 찾을 수 있다. 패를 두는 법, 시선을 분배하는 법, 대국 중 버릇처럼 나오는 사소한 동작 하나하나가 그 사람의 실력뿐 아니라 운의 기세도 분명히 나타내기 때문이다.

그리하여 상대와 비교해 내 운의 양이 '20 더 많다'거나 반대로 '15가 적다'는 식의 판단을 내렸다.

나의 운이 더 많을 때는 긴장만 늦추지 않으면 이길 수 있다. 문제는 상대의 운이 상당히 많을 때다. 실력으로는 나보다 아래라도 신들린 듯 운이 좋은 상대라면 나의 사소한 실수도 치명타가 되어 돌아온다. 그렇다면 경쟁자가 가진 운의 양이 많을 때는 어떻게 해야 할까. 그런 상대는 기세가 있기 때문에 초반부터 흐름은 상대편에 있다. 하지만 운이라는 건 일정하지 않고 상황의 변화와 흐름의 변화에 따라 미묘하게 달라진다.

나는 운의 양뿐만 아니라 운이 지속되는 시간도 더불어 읽었다. 예를 들어 '상대와 내 운의 차이가 20이라면, 앞으로 30분 정도는 이 기세가 이어지겠군' 하는 식이다. 그렇게 생각하면 30분간 형세가 불리하더라도 여유를 가지고 임할 수 있다.

그렇게 상대의 운에 압도당해도 내 상태를 유지하면서 참고 견디면 운의 양이 변했다고 느껴지는 '전환점'이 반드시 찾아온다. 그 순간을 놓치면 또다시 상대의 운은 눈 깜짝할 사이에 원래 기세로 돌아갈지도 모른다. 따라서 그렇게 되기 전에 기회를 놓치지 않고 흐름의 변화를 바로 붙잡아야 한다. 이 전환의 순간을 잡느냐 잡지 못하느냐에 따라 경기의 흐름은 크게 달라진다. 견디고 견디다가 흐름이 달라졌다고 느낀 순간, 단숨에 승부에 나서는 것이다. 그러면 상대의 운과 내 운의 양이 순식간에 뒤바뀐다.

설사 상대의 운에 압도당해 막판까지 몰려도 허둥댈 필요는 없다. 내 안에는 애초에 위기도 기회도 없었다. 위기가 있었다 해도 '열세'라는 단순한 상황에 지나지 않는다. 약간의 희망밖에 남지 않은 열세에도 전환의 지점을 정확하게 잡고 놓치지 않으면 판세를 단숨에 뒤집을 수 있다. 열세란 그런 가능성을 얼마든지 품고 있는 것이다. 그래서 초조함이나 위기감을 느끼지 않을 수 있었다.

'진짜 타이밍'이 아니면
승부하지 마라

| 후지타 스스무

마작이라는 게임은 네 사람이 하는 것이다. 따라서 이길 확률은 4분의 1이다. 인터넷 마작은 승률을 비롯한 데이터가 전부 나오는데, 상당히 강한 사람이라도 승률은 30퍼센트 정도이다. 바꿔 말하면 마작은 70퍼센트 이상은 이길 수 없는 게임이라는 뜻이다. 그럼에도 초심자는 매번 이기고 싶어 한다. 하지만 그러다가는 매번 패할 수밖에 없다. 승부처가 찾아오면 승부를 걸고, 그렇지 않을 때는 가만히 견뎌야 한다.

견딘다고 무작정 가만히 있는 것이 아니다. 방어를 하거나 고생해서 만들어낸 수를 무너뜨려서 다시 만들거나 좋은 패를 버리지 않는 등 할 일이 많다. 따라서 그런 단조로운 시간 동안 어떻게 집중력을 유지하며 견딜 수 있는지가 관건이다. 그런데 많은 사람들이 승부를 걸 타이밍이 아닌데도 기다림에 지쳐서 승부에 나선다. 물론 그러면 결국 스스로 무너진다.

회사 경영자는 사원이나 주주, 대중매체 등 다양한 대상으로부터 늘 주목받고 있기에 겉으로는 화려해 보인다. 그러나 매일 하는 일은 지극히 단조롭다. 단지 담담하게 일하고 있을 뿐이다. 마작은 견디는 시간이 대부분이다. 나는 사업을 시작한 지 23년이 되었는데 그 세월은 대부분 견디는 시간으로 채워졌다. 내가 쓴 두 권의 책, 창업해서 흑자를 낼 때까지의 과정을 기록한 사장으로서의 고백과 흑자 전환 후 블로그 플랫폼 아메바Ameba를 설립하기까지의 과정을 그린 책에서도 언급했듯이 대부분은 인내하고 고뇌하는 나날이었다. 그것이 현실이다.

하지만 거기서 초조해하거나 불안에 휩싸여 무리를 해서는 안 된다. 승부처가 오기 전에 섣불리 승부를 걸면 진정한 승부처에서 움직일 수 없게 된다. 운은 '그때'가 오기까지 업무의 질을 떨어뜨리지 않으며 참고 견디는 사람에게만 찾아온다. 인내하는 시간은 승부에 비하면 불리한 형세에 놓여 있는 것처럼 느껴진다. 하지만 일을 하는 시간 대부분이 견디는 시간이라고 여긴다면 오히려 그것이 평범한 상태라고 할 수 있다.

그럼에도 얼른 성과를 내야 한다는 생각에 '자신의 타이밍'으로 움직이려는 사람이 있다. 동료가 활약하고 있다는 말을 듣거나, 친구의 이야기에 자극을 받아서, 이제까지와는 다른 방식으로 업무를 처리하고 싶어져서, 또는 일요일 밤에 우연히 각계 유명 인사를 밀착 취재한 TV 프로그램을 보고 감동해서 등 상황적으로 승부를 걸 타이밍이 온 것도 아닌데 제멋대로 주관에 따라 승부에 나서려는 것이다. 요컨대 상황을 냉정하게 판단하지 못하고 공을 세우기에 급급한 사람은 결국 스스로 무너질 가능성이 크다.

막 사회인이 된 신입사원의 첫해 등 누구에게나 공통적으로 승부처라고 여길 수 있을 만한 시기는 있지만, 그 외에는 자기만의 진짜 승부처가 오기를 기다리는 수밖에 없다. 견디는 시간이 길게 느껴지겠지만 세상의 바람은 언젠가 반드시 이쪽으로 불어올 것이다.

누구에게든 1년에 한 번쯤은 승부처가 찾아온다. 그러니 그때를 가려내어 타이밍을 놓치지 않고 승부할 수 있도록 평소에 준비를 게을리하지 않아야 한다.

사이버에이전트는 2000년에 도쿄증권거래소 마더스^{MOTHERS} ◆에 상장하고 나서 3년 정도 적자였다. 2004년에 흑자로 전환되기까

◆　Market of the high-growth and emerging stocks의 약칭으로 도쿄증권거래소가 개설한 벤처기업 대상 증권거래소이다.

지의 기간은 내 인생에서 가장 인내해야 했던 시기라고 할 수 있다. 그동안 장기 사업의 발판을 여러모로 다지고 있었지만, 오늘 투자한 것이 내일 성과를 낼 리가 없었다. 동종 업계의 경영자들이 눈부시게 활약하는 것을 보거나, 투자가로부터 호되게 비판받아 마음이 초조해질 땐 나 자신의 타이밍으로 승부를 걸고 싶어지기도 했다. 그러나 그 마음을 단단히 억누르고 사내 제도를 정비하거나 인재 육성에 힘쓰는 등 내실을 다져나갔다. 그럼에도 빨리 승부를 내려는 마음을 억누르기 위해서 골프를 시작해서 정신을 다른 곳으로 돌리며 시간을 보내기도 했다.

그리고 마침내 견디고 견뎌서 찾아온 기회를 놓치지 않고 승부에 나서서 이겼다. 남들은 운 좋은 녀석이라고 평가하기도 하지만 우연한 행운으로는 만들 수 없는 결과였다. 자신의 타이밍이나 섣부른 판단으로 승부하지 않고 '때를 가려내어 운에 잘 맞추고 행동한다'고 해석하는 것이 더 맞을 것이다.

인내

패배의 99퍼센트는 '자멸'이다

| 사쿠라이 쇼이치

살아가는 것은 살얼음판 위에 서 있는 것과 같다. 왜냐하면 사람은 누군가 자신에게 아무것도 하지 않아도 제멋대로 무덤을 파는, 자멸하는 능력이 뛰어나기 때문이다. 이것은 딱히 비아냥거림도 그 무엇도 아니다. 과거의 수많은 승부에서 내가 몸소 배운 진리이다.

대리 마작의 대부분은 세간의 상식을 뛰어넘는 거금이나 이권이 걸리기 일쑤였고, 글자 그대로 목숨을 건 싸움도 적지 않았다. 잠도 거의 자지 않고 이틀 사흘 이어지는 승부도 있었다. 그런 진검 승부에서는 '물이 담긴 세면대에 얼굴을 넣고 먼저 드는 사람'

이 패배한다. 그렇게 뼈와 살을 깎는 피 냄새가 나는 처절한 싸움이 있는가 하면, 때로는 담담하고 고요한 긴장감 속에서 진행되는 대국도 있다.

그 안에서 내가 느낀 것은 한 가지. 격렬한 싸움에서든 큰바람이 불지 않는 언뜻 보면 담백한 싸움에서든 패하는 원인 대부분은 '자멸'이라는 사실이다.

그런 경우 우열을 가릴 수 없는 대결이라도 대전 상대는 숨이 살짝 차거나 리듬이 흐트러져서 약간의 실책을 저지르는 것만으로 우왕좌왕하다가 무너져버린다. 이쪽에서 승부를 걸지 않아도 상대가 제멋대로 탁자 건너편에서 소리 없이 침몰해간다. 그런 광경을 몇 천 번 봤는지 모른다. 그것을 보고 나는 패배의 99퍼센트가 자멸 때문이라는 사실을 깨달았다.

이는 마작뿐만 아니라 스포츠에서도 비즈니스에서도 삶에서도 모두 통하는 진리가 아닐까. 실제로 스포츠든 비즈니스든 다양한 세계에서 펼쳐지는 승부를 유심히 보고 있으면 자멸로 패배를 부르는 패턴이 압도적으로 많다는 사실을 알 수 있다.

일부러 패배하려는 사람은 없는데 어째서 자멸하는 것일까. 그것은 승리를 원하는 사고방식이나 행동 방식에 자멸의 요소가 이미 있기 때문이라고밖에 설명할 길이 없다.

승리에 대한 욕망에 사로잡힌 나머지 어리석은 행동을 하는 사람이 얼마나 많은가. 초조함이나 긴장감, 불안감이나 망설임과 같은 부정적인 감정도 생길 것이다. 그에 따라서 행동이나 사고가 올바른 길에 도달하지 못하는 일도 있다. 또한 실수를 저지르고도 알아차리지 못하고 고치는 걸 게을리할 수도 있다. 시야가 좁아져서 형세에 대한 판단이 흐려지고, 상대에 대한 배려심이 사라져서 신뢰를 잃는 일도 있을 것이다. 이런 일들이 하나씩 쌓이고 반복되면서 자멸을 향해가는 것이다.

예전에 내 책을 출간했던 출판사 사장이 '패배의 99퍼센트는 자멸이다'라는 말을 귀담아듣고는 주의해야겠다고 말했었다. 하지만 그 회사는 이후에 도산했다. 늘 경계해도 자멸에 이르게 하는 함정이 너무나도 많아서 그 모든 것을 알아차리기란 간단하지 않다.

인
내

세면대에서 얼굴을
먼저 드는 사람이 패배한다

| 후지타 스스무

"세면대에서 얼굴을 먼저 드는 사람이 패배한다."

인내심을 가지고 여기까지 해왔다고 생각하는 나에게도 마음에 울림을 주는 말이다. 비즈니스는 그 자체가 경쟁이다. 한편으로는 얼마나 인내심이 강한지 겨루는 게임이라고도 할 수 있다.

모두 처음에는 꾹 참지만 점점 견딜 수 없어서 고개를 들고 만다. 지금까지 거쳐 온 비즈니스 인생을 돌아보면 그런 식이다. 그 많던 동 세대 라이벌들을 내가 앞지른 것이 아니다. 그들이 스스로 떨어져 나갔다.

비즈니스란 일종의 경주이다. 거기서 탈락하는 사람을 순서대로 꼽아보면 첫째, 인내심이 부족한 사람, 둘째, 목표를 낮게 설정하는 사람, 셋째, 고정관념이 강해서 변화하기 힘든 사람이다. 두 번째 낮은 목표를 달성하고 만족하는 사람은 높은 목표를 지향하여 필사적으로 발버둥치는 사람을 당해내지 못한다. 달성할 수 있느냐 없느냐 이전에 의욕과 노력의 크기로 인해 차이가 벌어진다. 또한 목표를 높게 잡아서 노력해도 세 번째 고정관념이 강한 나머지 변화를 두려워하는 사람은 머지않아 막다른 길에 몰릴 것이다. 그러나 무엇보다 처음에 탈락하는 것은 첫 번째 인내력이 부족한 사람이다.

기업 사이의 경쟁에 있어서 '이렇게 하면 결과가 나온다'는 정해진 규칙은 없다. 정답을 여러모로 찾으면서 설령 정답이 보이지 않더라도 어떻게든 결과를 내야 한다. 그러기 위해서는 인내심이 있어야 하고 인내심 없이는 경쟁에서 이길 수가 없다. 따라서 결과가 나올 때까지 어떤 방식으로 견딜 것인지 전략이 있어야 한다.

경쟁 상대가 부쩍 힘을 길러서 주변으로부터 좋은 평가를 받았다거나 '대박'이 났다거나 새로운 사업을 시작해서 주목받고 있다는 말이 들리면 사람이란 초조한 마음에 동요하기 마련이다. 동요하면 자신의 페이스를 잃게 되고 거기서 인내심이 바닥난다. 그리고 자신의 힘을 넘어선 무리한 행동을 하기 시작하여 조절할 수 없게 된다. 그러면 종착지는 자멸이다.

이렇게 말하는 나도 동요할 뻔한 적이 몇 번 있었다. 연이어 인수합병을 하며 급성장하던 인터넷 검색포털 사이트 라이브도어 Livedoor에 세간의 시선이 쏠렸을 때, 우리도 뛰어들어야 하지 않을까 하는 생각에 마음이 흔들린 적이 있다. 주가가 오랫동안 저조해서 주주들로부터 강한 압박을 받았을 때도 잘못된 선택을 할 뻔했다.

경쟁 상대를 보고 동요해서 움직이는 것은 상당히 위험하다. 어디까지나 마음을 꽉 붙들고 자신의 페이스를 유지하며 그 안에서 주체적으로 조절해나가야 한다. 불안한 마음으로 공세를 이어가는 사람은 단기적으로 빛나는 성과를 내서 주목받기도 하지만, 결과적으로는 자멸의 패턴에 들어가고 만다. 그것은 압박감과 단기적인 평가라는 유혹에 져버린, 빨리 편해지고 싶다는 인내심 부족에서 비롯된 것이기 때문이다.

과거 사이버에이전트에 격렬하게 경쟁의식을 불태우던 회사가 연이어 인수합병의 움직임을 보인 적이 있다. 인수합병 세계에서는 업계 2위와 3위가 손을 잡으면 시너지 효과를 내며 1위를 추월할 수 있다는 공식이 있다. 그대로만 진행된다면 모든 업계에서 2위 이하의 기업이 합병할 때 바로 점유율이 바뀌겠지만, 물론 일이 그렇게 간단히 풀리지는 않는다. 라이벌 회사는 결과적으로 모두 자멸해갔다.

결국 그것은 빨리 편해지고 싶다는 욕망과 세간에서 좋은 평가를 얻고 싶다는 유혹에 경영자가 패배하고 만 것이라고 생각한다. 그 모습은 '세면대에서 얼굴을 들고 만 것'처럼 보였다. 따라서 강한 인내심은 신입사원을 비롯하여 경영자까지 업무를 처리하는 데 있어서 빼놓을 수 없는 능력이라 할 수 있다.

역풍이야말로
순풍이다

| 사쿠라이 쇼이치

순풍은 플러스, 역풍은 마이너스. 이는 의심할 여지도 없이 당연하다고 모두가 생각한다. 하지만 역전되는 순간은 없을까. 사실 나의 승부 인생은 '역풍이야말로 순풍이다'라는 말로 정리할 수 있다. 역설이지만 그것은 실행에 옮기는 순간의 연속이었기 때문이다. 나는 굳이 순풍을 버리고 역풍을 선택하고 승부에 있어서 절체절명의 위기라 할 만한 것은 모두 헤쳐 나왔다고 생각한다.

이런 상상을 한번 해보자. 눈앞에 순풍 카드가 10장, 역풍 카드가 10장 있다. 만약 이 중에서 10장의 카드를 선택하여 인생이라는 주사위 놀이의 말을 진행시킨다면, 당신은 어떤 조합으로 카드를 선택하겠는가. 아마도 대부분의 사람들은 10장 모두 순풍 카드를 고를 것이다. '모든 패가 순풍이면 재미가 없지. 1~2장은 조미료 역할로 역풍 카드를 섞자'고 생각하는 사람도 몇몇 있을지 모른다. 나라면 이때 순풍 카드는 2~3장, 역풍 카드는 7~8장을 선택한다. 왜냐하면 틀림없이 역풍 쪽이 자신의 가능성을 크게 펼칠 수 있는 계기를 제공해줄 것이고, 실제로도 순풍보다 역풍이 자신을 먼 곳으로 '날려 보내준다'고 생각하기 때문이다.

그 사실을 여실히 깨닫게 해준 것이 바로 스키점프 경기이다. 스키점프에 있어서 역풍은 부력浮力이 되어 연처럼 선수를 높이 들어올려 멀리 날아가게 한다. 반대로 순풍은 오히려 부력을 억제하므로 비거리가 늘어나지 않는다. 스키점프가 증명하는 이 사실은 '역풍의 진실'을 멋지게 가르쳐준다. 역설이 아니라 실제로 일어날 수 있는 분명한 진리인 것이다.

내가 순풍보다 역풍을 선호하는 것은 단순히 그쪽이 재미있기 때문이기도 하다. 순풍이 불 때는 아무것도 하지 않아도 바람만 타고 있으면 앞으로 날아간다. 하지만 역풍이 불 때는 한정된 시간 내에 여러 가지를 동시에 궁리해야 한다. 그 몰린 상태가 '오셀로게임'에서 상대의 말을 단숨에 자신의 말로 뒤집어 역전하는 듯한 폭발력을 낳는 것이다. 그래서 벼랑 끝에 몰린 듯한 위기야말로 내게 있어서는 늘 더할 나위 없는 순풍이다.

순풍 속에서
위기감을 가질 수 있는가

| 후지타 스스무

우리 회사에서는 나이가 어려도 유능하다면 사원을 자회사 사장으로 발탁한다. 그때 두 가지 반응이 있다. 한쪽은 '해냈다, 사장이 됐어!' 하며 기뻐하는 사람, 다른 한쪽은 '내가 사장이 되다니……' 하며 기쁜 감정보다 책임과 압박을 강하게 느끼는 사람이다.

어느 쪽이 회사를 성장시키는가 하면 틀림없이 후자이다. '사장이 돼버렸어, 큰일이군' 하고 생각하는 것은 자신이 섣불리 경영하면 회사가 도산할지도 모르고 터무니없이 많은 사람들에게 폐를 끼칠지도 모른다는 위기의식을 강하게 품고 있다는 뜻이다.

그리고 어떻게든 해내야 한다는 생각에 온 힘을 다하다 보면 그런 자세가 함께 일하는 동료에게까지 전해져 모두 역량을 최대한 끌어올리게 된다.

사이버에이전트는 기본적으로 자유롭고 개인의 의사를 존중하는 회사지만, 몇 해에 한 번씩은 특정 부서의 인원을 절반으로 감축하거나 과감한 인사이동을 실시하여 의도적으로 조직에 긴장감을 조성한다. 매너리즘에 빠진 조직을 활성화시키려는 목적에서다. 그리고 대부분 성과가 나타난다. 인원이 크게 줄거나 중심인물이 빠져서 위기 상황에 처하면, 처음에는 '지금까지도 아슬아슬했는데 이런 상황에서는 도무지 일할 수 없다'고 강하게 반발하지만, 결과적으로는 그 역경을 뛰어넘어 더욱 강한 조직으로 성장한다. 남겨진 사람들 사이에 위기의식이 팽배해지고 능력을 온전히 발휘하다 보면 조직 전체가 활성화되기 때문이다.

사람의 능력을 100퍼센트 끌어낼 수 있는 것은 안타깝게도 꿈이나 희망에 불타고 있을 때가 아니다. 오히려 그 반대로 위기 상황에 몰렸을 때다.

그러니 순조로울 때는 자신의 힘이 온전히 발휘되지 못하는 상황이 아닌지 의심해봐야 한다. 일이 순풍을 탔을 때는 수월하게 쭉쭉 나아가서 기분이 좋지만, 조금 방심하면 금세 진행 속도가 뚝 떨어진다. 긴장감을 잃어서 발이 걸려 넘어지는 꼴이다. 반대로 역풍은 괴롭고 힘든 법이지만 위기감을 가지고 그것을 뛰어넘으면 과정이 혹독했던 만큼 타인이 흉내 낼 수 없는 높은 차원에 도달할 수 있다. 그런 의미에서 순풍보다 역풍이 잘 활용하면 오히려 멀리 날아갈 수 있는 가능성을 가지고 있다.

완전히 순풍이라고 여겨질 때도 있을 것이다. 그때는 다른 이들이 치켜세우는 말에 휘둘리고 있는 건 아닌지 의심해볼 필요가 있다. 이것은 특히 경영자에게서 자주 볼 수 있는 패턴이다. 주변 사람들이 자꾸만 치켜세워서 마지막에는 '나 이 정도 되는 사람이야' 하는 거만함이 몸에 베어버리는 것이다. 그렇게 되면 더 이상 열과 성을 다해 노력하지 않게 되고, 결국엔 밑바닥부터 고생하며 열심히 올라온 사람에게 지고 만다.

순풍을 단순히 순풍으로 받아들여서는 안 된다는 것은 스포츠를 봐도 잘 알 수 있다. 예를 들어 프로야구에서 전년도 최하위 팀의 감독을 맡는 상황과 우승한 팀의 감독을 맡는 상황을 그려보자. 우승팀 감독 쪽이 편할 것 같지만 실제로는 더 힘들다. 더 이상 떨어질 곳이 없는 최하위 팀의 감독과 비교했을 때 우승팀의 감독은 순위가 조금이라도 떨어지면 비난을 받으니 책임이 무겁고 그만큼 지휘가 어렵다. 옆에서 보면 최하위 팀을 맡은 감독보다 우승팀을 맡은 감독에게 행운이 따르는 것 같지만 실상은 다르다.

최하위 팀은 선수들 스스로가 약체임을 알고 있기 때문에 위기감을 가지고 연습하고 경기에 임한다. 반대로 우승팀은 자만할 가능성이 있고, 그렇지 않더라도 우승을 목표로 하던 시절의 절실함을 되찾기란 쉽지 않다. 진정한 의미의 역풍으로 보이는 요소는 우승팀의 감독 쪽이 더 많다. 따라서 그에 대해 확실히 자각하는 감독일수록 팀의 힘을 높은 레벨로 유지해나갈 수 있다.

담담함

힘이 들어가면
모든 것을 망친다

| 사쿠라이 쇼이치

'작귀류 마작'◆의 진수는 '힘을 빼고 두는 것'에 있다. 말은 간단하지만 실제로 힘을 빼고 부드럽게 두기란 상당히 힘들다. 가끔 도장에 찾아오는 매스컴 관계자에게 가지고 있던 패를 버려보라고 하는 경우가 있는데, 모두 한결같이 패를 부드럽게 버리는 동작은 정말 어렵다고 소감을 털어놓는다. 몇천 몇만 번이나 패를 버려온 도장생이라도 내가 보았을 때 힘을 빼고 부드럽게 패를

◆　첫 타패에서 자패는 절대로 버리지 않는 등 사쿠라이 쇼이치만의 독특한 마작 스타일을 말한다. 또한 책략이나 상술과 같은 정치적 요소, 돈이라는 경제적 요소 없이 마작을 두는 것을 뜻하기도 한다.

버리는 사람은 거의 없었다. 나 자신조차 타패打牌가 완벽했다고 생각되는 것은 몇십 번에 한 번 있을까 말까 하다.

패를 버리는 동작은 그것만으로도 깊이를 가지고 있다. 따라서 패를 쥐는 법과 버리는 법만 봐도 그 사람의 마작 실력을 대략 알 수 있다. 작귀회 도장에서는 패를 1초 만에 버리는 것을 규칙으로 삼고 있는데, 생각하지 않고 감각으로 두기 위해서이다. 생각을 하면 몸은 반드시 경직된다. 유리한 전개로 이끌고 가겠다든가 이기겠다는 욕심이 그렇게 만드는 것이다. 몸이 경직되면 당연히 힘을 빼고 부드럽게 둘 수가 없다. 패를 둘 때 생각하지 않도록 하는 것은 힘을 뺀 부드러운 타법을 지향하기 위해서이기도 하다.

힘을 뺀다는 것은 마작뿐만 아니라 스포츠나 비즈니스나 삶에서도 모두 통하는 진리이다. 힘이 들어간 사람은 언뜻 보면 강하고 믿음직스럽게 느껴지지만 그만큼 무너지기도 쉽다. 스포츠 경기를 보고 있으면 그 사실을 잘 알 수 있다. 긴장하거나 이기려고 서두르는 나머지 힘이 들어간 채 움직이는 선수는 어딘가에서 반드시 무너지거나 실수를 저지른다. 힘을 뺀 유연한 부드러움이야말로 사실 가장 강하다. 여기까지 말했을 때 이해가 빠른 사람은 욕망과 운에 어떤 상관관계가 있는지 깨달았으리라고 생각한다.

욕망이 지나치게 크면 때때로 욕망 그 자체에 사로잡히고 만다. 그 상태가 이어지면 몸에 힘이 너무 많이 들어가서 목표나 소망하는 대상에 도달하기 전에 좌절이나 실패를 거듭하게 되며 일도 잘 풀리지 않을 확률이 높아진다. 그럼 욕망을 별로 갖지 않는 편이 소망이나 목표를 달성하기 쉽냐고 묻는다면, 그 또한 미묘하다. 왜냐하면 욕망을 억제하는 편이 좋은 결과를 내리라고 생각하는 것 자체가 하나의 욕망이기 때문이다.

그러니 강한 소망이나 높은 목표를 가지고 있다면 우선 머릿속 어딘가에 넣어두고 그 사실을 잊은 듯 살아가자. 욕망의 대상을 평소에는 의식하지 않는 것이 힘을 빼는 비법이다. 그리고 매일 해야 할 일에 몰입하며 계속해나가면 바라던 것이 어느새 형태를 갖추고 모습을 드러낼 것이다.

욕망에 사로잡히지
않는다

| 후지타 스스무

평소 축구 경기 보는 걸 좋아하는데, 지켜보면 힘이 들어간 팀은 대체로 패배한다. '이제 물러설 곳이 없어, 여기서 지면 끝이야'라고 생각되는 때일수록 이상하게 힘이 많이 들어가서 하위 팀을 상대로도 지고 마는 것이다.

우리 직원 중에도 힘이 지나치게 들어가서 헛도는 사람이 간혹 있다. 본인은 힘이 들어가면 안 된다고 생각하면서도, 결과가 나오지 않으면 초조한 마음에 더욱 힘이 들어가는 악순환에 빠지는 것이다. 애초에 힘이 들어가서 일을 원활하게 풀리지 않는 유형을 보면 대부분 자신에게 집착한다. '내가 이 일을 따내겠다'라든가 '나의 목표를 반드시 달성해 보이겠다'라는 식으로 '반드시 내가'라는 사고가 전면에 있다. 반대로 자신보다 전체를 생각하는 사람, 예를 들어 속해 있는 팀이 목표에 도달하는 것을 염두에 두고 노력하는 사람은 이상하게도 몸에 힘이 들어가 있지 않다.

회사 초창기에 자신의 힘을 충분히 발휘할 수 있는 벤처기업에서 일하고 싶다며 대기업에서 옮겨온 사람이 있었다. 기대하며 지켜보고 있었는데, 벤처 일에 대한 신념과 열정이 지나쳐 주변을 자꾸 이상한 방향으로 말려들게 했다. 모두 자기처럼 해야 한다며 자신의 업무 처리 방식을 부하에게 강요하여 혹사시켰지만, 결과는 좀처럼 나오지 않았다. 불만과 피로만 더해지고 더 이상은 못 버티겠다고 털어놓는 직원도 있었다. 몇 번 주의를 줘도 듣지 않았기 때문에 더 이상 가망이 없겠다는 생각이 들었다. 보다 못한 나는 업무 방식을 바꾸지 않을 거면 회사를 그만두라고 강한 어조로 말했다. 본인은 타당하다고 믿으며 열심히 노력하고 있었기 때문에 상당히 충격을 받았을 것이다.

하지만 그것이 계기가 되어 이후에 업무 처리 방식이나 태도가 180도 달라졌다. 조직의 방향성에 맞추어 자신이 아닌 회사와 팀을 우선해서 생각하게 된 것이다. 최면에서 깨어난 것처럼 힘을 빼자 사람이 이렇게까지 달라질 수 있구나 싶을 만큼 변모했다. 본인도 나중에는 자신이 착각했다고 반성했으며, 그 후에 눈부시게 활약하여 경영 본부를 담당하는 상무이사에 올랐다. 내 생각에 당시 그는 자신감이 없었던 것 같다. 자신감이 없었기 때문에 과도하게 분발했고, 그 결과 한껏 힘이 들어갔던 것이다.

나도 대학을 나와서 막 취직했을 무렵에는 자신감이 없었다. 하지만 결과적으로 다행이었던 것은 힘이 들어가지 않았던 점이라고 생각한다. 입사 첫해에는 매일 아침 첫차로 출근해서 막차로 퇴근하며 1년 동안 거의 하루도 쉬지 않고 일했다. 자신감이 없으니 그저 노력이라도 하자는 생각이었다. 이후 그런 업무 태도를 인정받아 출자를 받아서 창업까지 할 수 있었다. 이렇게 말하면 창업을 염두에 두고 노력했던 것 아니냐고 하겠지만 그렇지는 않았고, 다만 회사에서 부여받은 매달 목표를 완수하는 데 빠져서 일에 매진했을 뿐이다. 오히려 나에게 라이벌의식을 가지고 있던 동기에게 힘이 들어갔을지도 모른다. 입사 때부터 언젠가 내 회사를 세워야겠다고 생각은 했으나, 사쿠라이 씨가 말했듯이 '머릿속 어딘가에 넣어두고 잊은 듯' 지냈다.

이기고 싶다는 욕망이 지나치게 강하면 힘이 들어가서 오히려 이길 수 없다. 물론 오로지 이기고 싶다는 생각으로 가득 찬 사람이 강할 때도 있다. 다만 이기고 싶다고 생각은 해도 힘은 빼자. 담담하게 내가 해야 할 일을 하면 된다. 그런 태도야말로 결과를 내느냐 그렇지 못하느냐를 가르는 분기점이 될 것이다.

단념하는 용기

물러설 때를
아는 지혜

| **사쿠라이 쇼이치**

리스크를 두려워하지 않는 용기와 단념하고 물러설 줄 아는 힘, 이 두 가지가 마작에서 승부의 행방을 크게 좌우한다. 이 둘을 균형 있게 가지고 있는 것이 당연히 가장 바람직하지만, 용기는 있어도 단념하는 힘이 약한 사람이 상당히 많다.

단념하는 힘을 동반하지 않은 용기는 자칫하면 만용이 될 수 있다. 단념하는 힘은 무언가를 버려야 하는 결단을 내릴 때 발휘되는 것이므로, 어딘가 소극적으로 여겨지기 쉽다. 그래서 그다지 갈고닦지 않을지도 모른다. 하지만 우리는 단념하는 힘이 없어서 치명적인 실수를 저지르고 패배한 이야기를 흔히 듣는다.

그것이 알기 쉬운 형태로 드러나는 것이 투자나 도박의 세계이다. 보다 큰 성과나 보수를 원한 나머지 물러나야 할 때에 단념하지 못하고 스스로 무덤을 파는 경우가 상당히 많기 때문이다.

그런데 단념에도 '좋은 단념'과 '나쁜 단념'이 있다.

나쁜 단념에는 크게 두 가지 패턴이 있다. 한 가지는 승부에서 열세로 돌아섰을 때 만회하기를 일찌감치 포기하는 경우이고, 다른 하나는 반대로 판세가 우위로 돌아섰을 때 승리가 확정된 양 마지막 국면에서 단념하는 경우이다. 이 두 가지 패턴이 잘못된 이유는 모두 승부를 도중에 등한시했기 때문이다. 아무리 불리한 상황이라도 그때부터 뒤집을 기회가 있는 법이고, 반대로 거의 이길 것 같은 판이라도 마지막의 마지막 순간에 뜻밖의 역전을 당할 수도 있는 법이다.

한편 좋은 단념은 등산을 예로 들면 이해하기 쉽다. 산의 기상 상태는 급변하기 쉽다. 고생하며 등반해서 드디어 정상이 보이기 시작했을 무렵 갑자기 날씨가 심상치 않아졌다고 하자. 그때 이렇게 힘들게 올라왔으니 여기서 되돌아갈 수는 없다고 생각하여 그대로 정상을 향해 강행하면 심한 뇌우나 강풍이 덮쳐와서 조난 당할 위험마저 있다. 이처럼 생명과 연관되어 있을 때는 '용기 있는 철퇴撤退'로 단념하는 것이 무척이나 중요하다.

일에서도 단념하는 타이밍을 잘못 잡아서 몰락하는 사람이 있다. 큰 성과를 내기 위해서 필사적으로 노력했지만 좀처럼 생각대로 풀리지 않는다. 그렇다고 여기서 후퇴하면 엄청난 손실이 나는 상황이다. 포기할 수 없다고 어떻게든 해야겠다고 힘껏 버티지만 안타깝게도 그의 능력은 목표치에 못 미친다. 끈질기게 쫓으면 쫓을수록 손실이 커질 뿐이지만 물러설 수는 없다. 이럴 때는 가능한 한 빨리 좋은 단념을 하며 포기해야 하지만 그러지 못하는 것이다. 이처럼 이대로 앞으로 나아가야 할지 아니면 포기해야 할지 두 가지 선택지가 눈앞에 닥치는 일은 살다보면 얼마든지 있다.

좋은 흐름을 만들어가려면 중요한 지점에서 망설여질 때 어떻게 재빨리 단념할 수 있는지 아는 것도 중요하다. 버리거나 포기하는 대신에 다른 좋은 일이 찾아올 거라는 가능성을 열어두는 것, 혹은 이로써 소중한 무언가를 지킬 수 있다는 발상의 전환 말이다. 그 유연함이 적당한 타이밍에 좋은 단념을 하는 결정적인 수단이다.

단념에 대한 규칙을
미리 만든다

| 후지타 스스무

비즈니스에 있어서도 '단념'이라는 키워드는 무척이나 중요하다. 제대로 단념하지 못해서 큰 손해를 본 경험이 누구나 있을 것이다.

회사를 도산하게 만드는 원인 대부분은 잘못된 단념에 있다. 반대로 말하면, 제대로 단념한다면 회사라는 것은 좀처럼 도산하지 않는다. 하지만 여전히 일이 잘 풀릴 가능성이 남아 있을 때는 단념해야 할지 말아야 할지 판단을 내리기가 힘든 법이다.

회사를 경영하다 보면 사업이 침체 상태에 빠졌을 때 그것을 이어나가야 할지 단념해야 할지 판단을 강요 당하는 상황에 자주 직면한다. '그들에게 조금 더 희망을 걸어볼까', '더 이상 끌어 봤자 상황만 더 악화될지도 몰라', '손해를 각오하고 매각해서 새로운 일에 몰두하는 편이 좋지 않을까'와 같이 결단을 내려야 하는 상황에 처하면 마음이 왔다 갔다 한다. 이 정도로 단념이란 막상 닥치면 망설임 없이 실행하기가 상당히 어렵다.

절박한 상황에서 힘껏 버텼더니 일이 잘 풀렸다는 '인내심의 승리'라는 패턴이 머릿속을 스치기도 하고, 반대로 질질 끌면서 버티는 바람에 손실만 늘어 힘들었던 패턴도 떠올라서 고민한다. 팀워크가 좋아서 모두 화기애애하게 일하고 있는 때일수록 단념하는 타이밍을 놓치기 쉽다. 분위기를 안 좋게 만들고 싶지 않기 때문이다. 그러나 그 상황을 피하면 이번에는 돌이킬 수 없는 곳까지 끌고 가게 된다. 그러면 사이가 원만했던 팀도 마지막에는 얼굴을 붉힐 수밖에 없다. 단념하기가 괴로워서 미뤘다가, 나중에 몇 배나 비참한 상황에 처하고 마는 경우를 몇 번이나 봤기 때문에 단호하게 단념하는 것이 얼마나 중요한지 잘 알고 있다.

그래서 나는 사업에서 실패의 조짐이 보일 때 단념하기 위한 '철퇴 법칙'을 만들었다. 기간을 정하고 적자가 상한선 이상 나면 철퇴하거나, 몇 분기 연속으로 감수減收와 감익減益이 발생하면 사업을 재고하는 규칙을 정한 것이다.

이 규칙은 애초에 인터넷 사업이 실패하는 대략적인 패턴을 경험적으로 알고 있었기 때문에 만들 수 있었다. 그럼에도 철퇴의 기준을 정하는 것은 상당히 힘들었다. 하지만 이 법칙을 만든 덕분에 단념에 대한 판단을 내리기가 쉬워진 것은 확실하다. 일반적으로 주식 펀드 운용에서는 몇 퍼센트 이상 하락하면 자동적으로 매각한다는 규칙을 정하고 있는데, 철퇴 법칙은 이와 비슷한 측면이 있다.

마작에서도 '지금까지 친親◆의 리치立直,リーチ◆◆가 나오지 않으면 나서지 않는다'든가 '간짱 대기 상태◆◆◆일 때 역이 없으면 리치를 선언하지 않는다'와 같이 제 나름대로 단념하는 규칙을 가지고 있는 사람이 강하다. 왜냐하면 정신력 싸움이기도 한 마작에서는 규칙이 감정을 배제하고 단호하게 단념할 수 있게 해주기 때문이다. 이러한 규칙은 좀처럼 판단을 내리기가 힘든 상황에서 '축'의 역할을 한다. 조금 더 버티겠다는 판단을 내린다고 해도 얼마나 허용할지 결정하는 기준이 되므로 규칙이 있는 것과 없는 것은 하늘과 땅 차이이다.

물론 앞서 말한 철퇴 법칙에 있어서도 예외는 있다. 사운을 걸고 시작한 아메바 사업은 그 규칙에서 제외시켰다. 그 사업은 우

◆　첫 쯔모를 하는 대국자. 오야(オヤ)라고 칭하기도 한다. '쯔모(自摸, ツモ)'는 자신의 차례가 되면 작탁 중앙의 패산(牌山)에서 패 하나를 가져오는 것을 말한다.

◆◆　일본 마작의 1판 역 중 하나. '역(役, ヤク)'은 마작에서 판을 나기 위한 일정한 조건이나 규칙을 만족시키는 일종의 '족보'이다.

◆◆◆ 마작에서 세 개의 숫자패를 순서대로 모을 때, 가운데 패가 나오기를 기다리는 상태를 말한다.

리 회사가 어떻게든 일으켜 세워야 하는 것이었기 때문에 4년 동안이나 계속 적자를 내면서도 진행하길 고수했다. 그리고 5년째가 되던 해에 "올해도 일으켜 세우지 못하면 대표직에서 물러나겠다"고 선언하며 사활을 걸었다.

결국 마지막에 큰 성공을 거두긴 했지만 흑자를 볼 때까지 마음을 놓지 않고 긴장된 상태를 유지했다. 다른 사내 사업들은 철퇴 법칙을 제대로 적용한 반면, 아메바 부서만 특별 취급해서 타 부서에 대한 미안한 마음이 긴장감을 조성했기 때문이다.

시작하기 전부터 단념의 법칙을 만든다는 것은 상당히 힘들다. 꿈과 희망이 넘치는 시기라면 더욱이 아무도 그런 생각은 하고 싶지 않을 것이다. 하지만 그것을 하느냐 하지 않느냐의 차이가 그 후의 운명을 좌우한다.

모든 감정이 사라지는
몰입 상태야말로 최강이다

| 사쿠라이 쇼이치

나는 사실 '20년 무패 신화의 작귀'라는 수식어를 그다지 좋아하지 않는다. 나를 홍보하려는 출판사를 비롯하여 매스컴이 마음대로 붙였을 뿐, 나는 솔직히 그런 문구가 없는 편이 후련하다. 이미 과거의 일인 데다 승리의 전적을 대놓고 말하는 것이 바람직하다고 생각하지 않기 때문이다.

어찌 되었든 '20년간 무패'라는 홍보 문구가 제멋대로 퍼진 탓인지 사람들은 나에 대해 절대적인 자신감이 넘치는 승부사라는 이미지를 가지고 있는 듯하다. 하지만 실제로는 그렇지 않다. 승부에 임하기 전의 마음은 늘 격렬한 불안과 싸우고 있다. '이번에

야말로 지지 않을까' 하는 숨 막히는 불안이 마음속에서 고개를 치켜들면, 이어서 그것을 부정하듯이 '나의 강인함이 있으면 지는 일은 없을 것이다'라는 생각이 나타나서 감정을 계속해서 흔들어댔다.

하지만 막상 승부에 들어가면 그런 불안과 갈등은 흔적도 없이 사라졌고 평온한 상태에서 담담하게 패를 움직였다. 물론 거기에는 이기겠다는 오기도 없다. 소리 없는 긴박감 속에서 내가 있던 곳은 아무런 사고도 감정도 솟구치지 않는 불가사의한 장소가 되었다. 이것을 나는 '중립 감각'이라고 부른다.

최근 스포츠 선수들이 '플로flow'라는 말을 사용할 때가 있는데, 중립 감각은 이 플로, 즉 몰입에 가까운 것이라고 생각한다. 플로 단계에 들어가면, 사고나 감정이 전혀 움직이지 않는 극도의 집중 상태가 되며 동시에 매우 안정된 기분이 든다고 한다. 몸에 뭔가 특별한 일이 일어나고 있는 듯하고 몸과 마음이 완전히 일체화되어 일이 자신의 생각대로 진행되는 느낌이 들며 가슴이 두근거리면서도 몸이 자유자재로 움직이는 등 불가사의한 감각을 체험한다고 한다. 예를 들어 야구에서 투수가 머릿속에 그리던 대로 공을 계속 던져서 주자를 한 사람도 내보내지 않는 퍼펙트 게임을 달성하기도 하는데, 이것이 바로 완벽한 플로 상태에 들어간 것이라 할 수 있다.

플로 상태나 중립적인 감각을 말로 정확히 설명하기는 어렵지만, 감각을 '중립 상태'에 두면 믿을 수 없을 정도의 강인함과 에너지가 내면에서 뿜어져 나온다는 것은 확실하다. 분노, 불안, 기쁨을 비롯한 모든 감정이 사라진 제로의 지점, 분발심이나 전략 등의 모든 사고가 정지된 평온한 제로의 지점, 나는 그런 제로의 지점을 발판으로 삼아왔기에 운을 끌어와서 계속 이길 수 있었다고 생각한다.

'몰입 상태'에 들어가는
장치를 만든다

| 후지타 스스무

비즈니스 세계에서는 늘 균형 감각을 가지고 지속적으로 운영해 나가는 것이 관건이다. 지나치게 나서도 안 되고 지나치게 몸을 사려도 안 된다. 지나치게 평가를 해서도 안 되고 지나치게 의심해서도 안 된다. 무엇을 하든지 균형 감각이 요구된다.

　나는 평소 사람들로부터 균형 감각이 좋다고 칭찬받는 일이 많지만, 사실 이 '균형 감각'이라는 말을 그다지 좋아하진 않는다. 하지만 사쿠라이 씨가 말하는 '중립'이라는 말은 굉장히 가슴에 와 닿았다. 균형은 비즈니스에서 쌍방의 이해에 지장이 없도록 조절한다는 뉘앙스가 느껴지지만, 중립이라는 말에는 전체를 내려다본 후에 중앙에 자신을 내려놓는다는 이미지가 그려진다. 전자가 자의식으로 만들어진다면 후자는 스스로를 잊어야 가능하다.

모든 일을 높은 곳에서 내려다본 후에 객관적으로 보는 것. 그것이 중립적으로 보는 것이라고 생각한다. 그 감각을 체득하면 내가 어떤 부분에서 실력이 부족하고 어떤 부분에서 상대적으로 뛰어난지 객관적으로 보인다. 과대평가도 과소평가도 하지 않고 단지 똑바로, 있는 그대로를 파악할 수 있다.

저명한 경영자들을 만날 때 공통적으로 느끼는 것이 있다. 그들은 대부분 '저자세'이다. 겸허하다는 의미이다. 무언가를 칭찬하면 판에 박은 듯 터무니없는 과찬이라는 반응이 돌아온다. 그것은 아마도 진정한 의미에서 우러나온 겸허가 아니라, 자신을 객관화하는 것이라고 생각한다. 입장상 아부를 듣거나 칭찬받을 때가 많기 때문에 그에 덩달아 자신이나 회사를 과대평가하지 않도록 주의하는 것이리라.

플로는 평소에 중립적인 감각을 가지고 있는 사람이 더 들어가기 쉽다. 그것은 일종의 '몰아沒我 상태'이다. 따라서 '자신'이라는 존재를 강하게 의식하는 타입의 사람은 플로 상태로 매끄럽게 옮겨갈 수 없다. 확실히 플로에 들어가 있을 때는 예상치 못한 힘이 나오거나 스스로도 깜짝 놀랄 만한 성과를 내기도 한다.

우리 회사에서 가장 우수한 프로그래머를 보고 있으면, 가끔 플로 상태에 들어가 있다고 느껴진다. 거의 자지도 먹지도 않아서 주변에서는 걱정하지만 본인은 전혀 개의치 않다는 듯 태연하다. 그리고 그 플로 상태가 끝났을 때 깜짝 놀랄 만한 높은 레벨의 서비스가 완성되어 있다. IT 비즈니스는 제조업처럼 매일 정해진 시간 내에 정해진 수량의 제품을 만드는 일이 아니다. 또한 완성도가 낮으면 몇 개를 만들어도 의미가 없다. 그런 의미에서 플로 상태에 들어간 듯 집중해서 업무를 해내는 사람이 우수한 성과를 낸다고 할 수 있다.

플로 상태라는 것은 개인의 역량에만 국한된 표현은 아니다. 회사에는 사업이나 프로젝트별로 팀이 있는데 가끔 무서울 만큼 기량을 펼치는, 바로 플로 상태에 들어간 팀이 등장하기도 한다. 멤버 한 사람 한 사람이 자신의 역할을 명확하게 이해하고 목표를 향해 집중해서 굉장한 기세로 아이디어를 내고 개발해간다. 바로 팀 전체가 플로 상태에 들어가 있는 것이다. 그러한 팀은 기적처럼 놀라운 제품을 내놓거나 대형 수주를 따오기도 한다. 이와 같은 팀을 많이 만들 수 있다면 이상적이겠지만, 그러기 위해서는 여러 가지 조건이 절묘하게 갖추어져야 한다. 그러므로 조직이 플로 상태에 들어가서 최강이 되기 위해서는 팀 멤버가 중립적인 태도로 팀의 목표와 자신의 역할을 파악하여 '몰아 상태'를 만드는 것이 중요하다.

위화감이 드는 것은
제외하라

| 사쿠라이 쇼이치

운이 좋다고 느껴질 때 불쾌한 사람은 이 세상에 아무도 없을 것이다. 예외 없이 누구나 행운이 자기 편에 있다고 느낄 때는 기분이 좋다. 여기서 운에 관한 단순하면서도 확실한 한 가지 법칙을 이끌어낼 수 있다. 바로 '역 또한 참', 다시 말해 '기분이 좋으면 운이 찾아온다'는 것이다. 옛사람들은 그 사실을 잘 알고 있었던 것 같다. '웃으면 복이 온다'는 속담도 있지 않은가. 싱글벙글 웃으며 언제나 밝고 명랑한 기분으로 생활하는 사람은 반드시 좋은 일이 일어나서 행복해지는 법이다.

　기분이 좋으면 운이 따른다는 걸 나는 이제껏 인생에서 몇 번이나 경험했다. 작귀회를 시작한 지 얼마 되지 않았을 무렵의 일이다. 도장생들과 하치조八丈島 섬에 놀러 갔는데 하필 태풍이 불어와서 파도가 상당히 사나웠다. 숙소에서 꼼짝도 못하게 되자 조금 무료했던 나는 자연의 거친 힘을 직접 느껴보고 싶어서 바다를 향해 뻗은 부두에 젊은 친구들을 데리고 갔다.

물결이 요란하게 넘실대고 파도가 밀려들며 격렬하게 부딪치고 있었다. 여기서 떨어지면 끝나겠다는 생각이 들 정도로 박력이 느껴졌다. 한편으론 민낯을 드러낸 자연을 대하니 더할 나위 없이 상쾌한 기분이 들었다. 부두 끝으로 향하던 중 더 이상 앞으로 가면 위험하겠다는 생각이 들 때였다. 본래라면 그쯤에서 돌아가야 했다. 하지만 어째서인지 나는 도장생들을 데리고 오히려 위험할 수 있는 앞쪽으로 몇 걸음 더 자연스레 움직였다. 그 순간, 전에 있던 자리로 커다란 파도가 갑자기 솟구쳐 올라왔다. 만약 뒤돌아 갔더라면 모두가 파도에 휩쓸려갈 뻔한 것이다.

머리로 생각하면 위험한 게 뻔한데 왜 몸이 자연스레 움직인걸까. 이성으로는 설명할 수 없는 일이었다. 다만 이렇게는 말할 수 있을 것이다. 자연의 본질적인 모습을 접한 나는 기분이 무척이나 좋았고 그 덕에 평소 내 안에서 몇 할 정도 잠들어 있던 자연에 대한 감각이 온전히 열렸기 때문이라고 말이다. 운이란 바로 이렇게 이성을 초월한 순간에 찾아올 때가 있다.

업무 또한 기분 좋게 할 수 있느냐 없느냐에 따라 '업무의 운'

이 크게 달라진다. 싫어하는 사람밖에 없는 곳에서 일하고 있으면 나도 모르게 불쾌해져서 결코 좋은 성과를 낼 수 없다. 반대로 호감 가는 사람이나 위화감이 느껴지지 않는 사람들 속에서 일하면 기분이 좋아져서 업무에도 좋은 결과를 가져올 것이다.

좋은 기분을 만들기 위해서는 위화감이 느껴지는 것을 제외하는 것도 중요하다. 대학을 졸업하던 해에 학장 추천으로 어느 기업의 면접을 보고 내정을 받은 적이 있다. 하지만 그 회사를 통해 엿보게 된 샐러리맨 사회에 대해 아무리 애써도 위화감을 떨쳐내지 못했고, 결국 나는 스스로 취직을 포기했다. 그리고 누구의 것도 아닌 나 자신의 길을 걸어가기로 했다. 아무런 보장도 없었지만 그 편이 훨씬 기분 좋았다. 그리고 거기서부터 마작과 함께한 나의 인생이 시작되었다.

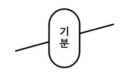

분위기가
운을 좌우한다

| **후지타 스스무**

마작을 하면서 운이 없다는 기분이 들 때는 배분받은 패까지도 굉장히 안 좋아 보인다. 반대로 기분이 좋을 때 받은 패를 보면 그다지 좋지 않아도 좋은 부분이 보이기도 한다. 이처럼 사람이란 기분 하나로 사물을 보는 방식이 크게 달라지기도 한다.

회사에서도 분위기가 무척이나 중요하다. 분위기가 좋은지 나쁜지에 따라 업무의 질이 상당히 달라진다. 이는 곧 실적에도 영향을 끼친다. 따라서 경영자는 세심한 주의를 기울여서 좋은 분위기와 문화를 만드는 데 주력할 필요가 있다.

이와 같은 사실은 지금의 회사를 세우기 전에 인텔리전스

Intelligence라는 인재 파견 기업에서 일하고 있을 때 깨달았다. 사장의 비전이 확고했던 영향도 있었겠지만 직원 모두가 의욕이 충만해서 같이 있으면 나도 질 수 없다는 기분이 들곤 했다.

그런 경험이 있었기에 나는 창업할 때부터 회사 분위기를 어떻게 하면 좋게 만들지 늘 고민해왔다. 채용 면접에서는 머리가 좋다거나 학업 성적이 우수하다는 것보다도 성격이 좋은 것을 우선 조건으로 삼았다. 회사 내에 긍정적이고 열심히 일하려는 타입의 사람이 많아지면 다른 사람도 '나도 분발해야지!' 하는 기분이 들기 때문이다.

실제로는 긍정적이지도 부정적이지도 않은 중간 정도가 대다수지만, 사람은 주변의 영향을 받아서 긍정적으로 변하기도 하고 부정적으로 변하기도 하는 법이다. 따라서 평소에 나는 부정적인 분위기가 지배적이지는 않은지, 부하 직원의 발목을 붙잡는 부정적인 리더는 없는지 주의 깊게 지켜본다. 특히 회사의 중심 멤버는 긍정적인 사람으로 탄탄하게 구성하고, 부정적인 사람은 머리가 좋고 능력이 우수하더라도 적극적으로 기용하지 않았다.

부정적인 분위기는 또한 전염되기 쉽다. 조금만 방심해도 순식간에 회사 전체 분위기가 온통 부정적으로 물들어버리기도 한다. 부정적인 분위기를 퍼뜨리는 사람은 일에도 악영향을 끼친다. 회사에 있어서 요주의 인물이라고 할 수 있다.

우리 회사에는 목표 달성을 기원하는 포스터가 여러 군데 붙어 있고, 신입사원을 환영하는 풍선이 떠 있기도 하다. 일반적인 사무실과는 분위기가 조금 다르다. 이 또한 분위기를 좋게 해서 직원들을 활기차게 만들기 위한 방법이다.

같은 사람이라도 긍정적이고 기분 좋게 업무를 처리하면 운이 좋은 것처럼 느껴지고, 반대로 부정적인 기분으로 처리하면 운에서 멀어지는 것처럼 느껴진다. 직원 모두 긍정적인 분위기에 둘러싸여 있으면 당연히 직장 분위기도 좋아진다. 그러면 회사 전체의 운기 또한 올라간다. 따라서 경영자는 '분위기'라는 눈에 보이지 않는 힘을 의식하는 것이 중요하다.

직감의 90퍼센트는
타당하다

│ 사쿠라이 쇼이치

우리가 살아가는 세계는 눈에 보이는 세계와 보이지 않는 세계, 이렇게 두 가지로 이루어져 있다. 운이라는 것은 사실 이 눈에 보이지 않는 세계를 어떤 방법으로 감지하느냐에 따라 달라진다.

수면 아랫부분이 압도적으로 큰 빙산과 마찬가지로 우리가 호흡하는 이 세계도 눈에 보이지 않는 부분이 보이는 부분보다 훨씬 크다. 눈에 보이지 않는 것은 어차피 알 수 없으니 보이는 부분만 합리적으로 계산하면 충분하다고 생각하는 사람은 빙산에 충돌하는 배처럼 언젠가 어딘가에서 반드시 차질을 빚게 될 것이다. 눈에 보이지 않는 세계는 이성을 발휘하여 분석하거나 계산하거나 추론할 수 없다. 오직 감각으로 파악하는 것 외에 접근할 방법이 없다.

지식이나 정보에 상당히 높은 가치를 두고 있는 이 사회에서는 이성이 그 무엇보다 중요하다. 이성 앞에서 본능은 뒷전이다. 하지만 이성에 지나치게 편중된 삶의 방식은 다양한 폐해를 초래한다.

본래 사람은 이성 이전에 본능을 가지고 있다. 이성을 지나치게 중시하여 인간관계든 업무든 뭐든지 합리적으로만 계산하면, 인간관계는 삭막해지고 업무는 융통성이 사라진다. 스트레스 사회의 원인은 애써 지나치게 이성적으로 행동하려는 데에 있다. 그에 비해 감각은 폐해나 스트레스를 완화하는 윤활유 역할을 해준다.

그런데 눈에 보이지 않는 세계를 감지하려면 어떻게 해야 할까. 감각을 갈고닦는 수밖에 없다. 우리가 익히 알고 있는 것으로는 '직감'을 꼽을 수 있다. 프로 장기기사 하부 요시하루羽生善治는 "직감으로 파악하는 것의 70퍼센트는 타당하다"고 했지만, 나는 '90퍼센트' 정도 타당하다고 생각한다. 사람이 내리는 판단을 최종적으로 결정하는 것은 이성이 아니라 직감이다. 직감을 예리하게 만들기 위해서는 이성적인 작업, 즉 생각을 의도적으로 버리는 노력을 해야 한다. 예를 들어 생각을 멈추고 마음을 비운 채로 대상을 가만히 바라보고 있으면, 직감으로 느껴진 것이 내면에서

서서히 모습을 드러낸다.

운은 겉으로는 뚜렷하게 보이지 않는 것, 즉 흐름과 타이밍, 기회와 분위기, 의식하기 힘든 감정의 움직임을 얼마나 감지하느냐에 따라 크게 달라진다. **직감과 운의 관계는 그만큼 밀접하다.**

잡념이 없는 직감은
틀리지 않는다

┃ 후지타 스스무

인터넷의 영향으로 마작 세계에 새로운 흐름이 발생하고 있다는
사실은 앞에서 설명했다. 그중에서도 획기적인 것은 모르는 상대
와도 대전할 수 있는 인터넷 마작의 출현이다. 인터넷에서 벌어
지는 승부는 그 사람의 승률은 물론, 예를 들어 같은 패를 두 개
씩 일곱 쌍을 모으는 칠대자^{七對子, チートイツ}◆로 화료^{和了, アガリ}◆◆ 할

◆　마작에서 2판 역 중 하나로 '치또이츠' 또는 '치또이'라고 통용된다.
◆◆ 자신의 패를 역이 있는 완성 형태로 만들어 점수를 받은 뒤 해당 국을 끝내는 행위. '오
름'이라고도 칭하며 기본형은 패 3개짜리 몸통 4개와 패 2개짜리 머리 1개를 만드는 것이다.

확률은 몇 퍼센트인지, 리치를 선언하고 화료할 확률은 어느 정도인지 모두 데이터화하여 숫자로 표시된다. 그리고 그 데이터를 바탕으로 승률을 높이기 위한 전략을 이끌어내는 것이다.

이러한 변화의 흐름 속에서 마작의 승률을 높이려면 데이터와 확률 이론을 발판으로 삼아 싸우면 된다는 '디지털파' 마작인들이 출현했다. 그들이 예전처럼 아날로그식, 즉 감각으로 마작을 두는 사람을 '오컬트파(아날로그파)'라고 야유하면서 양자 간에 논쟁이 일었다. 디지털파는 운의 흐름, 승부의 기교, 패의 기운과 같이 합리적으로 설명할 수 없는 것은 존재하지 않으며 만약 존재한다고 해도 '쓸모없다'고 주장했고, 오컬트파는 그러한 것이야말로 '마작의 진수'라고 역설했다.

디지털파의 감각은 비즈니스로 바꿔 말하면, 열심히 공부해서 경영학을 공부하면 회사를 잘 꾸려나갈 수 있다고 생각하는 것과 같다. 하지만 그런 사람들 중에서 회사를 원활하게 경영해나가는 사람을 나는 이제껏 본 적이 없다. MBA를 따고 경영에 관한 지식을 쌓은 똑똑한 경영자는 수없이 많지만, 그들 중에 회사를 능숙하게 운영하는 사람은 의외로 적다.

일본의 거대 전자상거래 업체인 라쿠텐^{Rakuten}의 미키타니 히로시三木谷浩史 회장은 MBA를 가지고 있지만 단지 그것만으로 성공한 것은 아니다. 사실 그는 승부에 대한 감각이 매우 뛰어난 경영자이다. 미키타니 회장이 남긴 유명한 말이 있는데 바로 "경영은 우뇌와 좌뇌의 캐치볼"이라는 것이다. 나는 마작도 마찬가지라고 생각한다. 디지털파가 타당하다든가 오컬트파가 타당하다든가 하는 것을 떠나서, 적어도 마작이 디지털적인 수치나 데이터만으로 정확하게 맞아떨어지는 단순한 게임이 아니라는 것은 확실하다.

네 사람이 겨루는 마작 승부에서 '공격'과 '수비'를 판단하는 것만으로도 그 심리를 포함하여 무수한 요소가 복잡하게 얽혀 있어서 합리적인 지식이나 데이터만으로 정확하게 맞아떨어지지 않는다. 마작에서는 시시각각 변화하는 가운데 재빨리 '상황을 판단하는 힘'이 요구된다. 전체를 냉정하게 내려다보지 않으면 답이 없는 쳇바퀴 같은 세계에서 계속 헤매게 된다. 헤매지 않으려면 직감으로 대상을 파악해나가야 승부의 열쇠를 쥘 수 있다.

경영도 이와 전적으로 같아서 언제나 상황을 판단하는 힘이 요구된다. 수시로 변하고 다양한 이해관계를 가진 사람들이 서로 얽혀 있는, 그 복잡하고 기이한 비즈니스 상황을 올바르게 파악하려면 처음에 직감으로 판단하는 것이 중요하다.

사쿠라이 씨와 마찬가지로 나 또한 직감의 90퍼센트는 타당하다고 생각하고 있다. 다만 직감이라는 것은 잡념이 들어가면 어긋난다. 객관적으로 보았을 때 승부처가 아닌데 초조한 마음에 얼른 승부를 걸고 싶다고 생각하면 납득하기 어려운 결과가 나온다. 한편 상대에게 이기고 싶다든가 빨리 자신의 것으로 만들고 싶다는 잡념을 덜어낸 후에 나온 직감은 거의 틀리지 않는다.

당연한 말이지만, 마작도 경영도 직감만으로 할 수 있는 것이 아니다. 우뇌의 직감으로 시작하더라도 좌뇌로 꼼꼼하게 논리적으로 분석하거나 정리할 필요가 있다. 지식이나 데이터를 취합하여 그것을 뒷받침할 만한 충분한 근거를 만든 후, 마지막 순간에 최초의 직감을 믿을 것인가 말 것인가로 결정한다. "생각을 멈추고 느껴라"라는 말을 증명하듯 감각적이고 신들린 마작을 하는 사쿠라이 씨의 경우에도, 마작에 관한 깊은 지식과 풍부한 경험이 바탕에 있기 때문에 우뇌와 좌뇌의 캐치볼을 무의식중에 실행하는 것이라 본다.

경영은 좌뇌에 치우치면 반드시 이상한 방향으로 흘러간다. 대기업 회의에서도 어떤 사업의 리스크에 대해 논의하다 보면, 누구도 책임을 지고 싶어 하지 않기 때문에 흐름이 왜곡되어 처음엔 타당하다고 생각했던 것이 모습을 바꾸고 마는 경우가 적지 않다. 무슨 일이든 여러 갈래로 생각하기 시작하면 아무래도 망설이게 되는 법이다. 직감이 아니라 그럴듯한 이유들을 갖다 대며 결정한 것에는 이미 망설임이 잠재하고 있으므로 그만큼 리스크도 높아진다.

예를 들어 벤처기업에 취직하는 것이 좋을지, 대기업에 취직하는 것이 좋을지를 고민할 때 부모님이나 친구에게 상담하면 점점 더 망설여진다. 처음에는 자신의 직감으로 벤처기업이 좋다고 생각했지만, 이것저것 따지는 사이에 브랜드 파워가 있는 대기업이 아니면 지금까지 노력해서 손에 넣은 학벌이 쓸모가 없어진다고 생각하게 된다. 그리고 마지막에는 수동적인 자세로 변해 벤처기업으로 향하는 마음을 접는 것이다. 그런데 막상 대기업에 들어갔더니 자신이 생각했던 업무를 하지 못하게 되는 경우도 비일비재하다. 그럴 때면 처음 자신의 직감을 끝까지 믿지 못한 것에 후회가 솟구치는 것이다.

일이나 인생, 마작 등과 같이 사람의 심리가 개입하는 것에는 머리로 생각하여 합리적으로 판단할 수 있는 일만 존재하지는 않는다. 망설임이 거듭된다면 그 판단은 틀린 것이기 쉽다. 나는 경영에 있어서는 직감을 믿는 것과 동시에 망설여지면 결단을 내리지 않는다는 방침을 정해놓고 있다.

운의 양은
무한하다

| 사쿠라이 쇼이치

일상이란 대개 평범한 법이다. 그런데 갑자기 예상치 못한 엄청난 행운이 찾아오기도 한다. 그때 어떤 사람은 자신이 가진 모든 운을 미리 당겨쓴 거라고 생각하기도 한다.

옛사람들은 좋은 일이 있으면 벌을 받는다는 식의 말을 종종 했다. 내 어머니도 "나한테 주어진 운을 당겨쓰는 게 아닐까?", "평생의 운을 다 써버린 것 같아"라는 말을 자주 하셨다.

큰 행운을 얻고 나서 그런 생각을 하는 사람의 심리는 '좋은 일이 있으면 안 좋은 일이 생기거나 벌을 받는다'는 믿음에서 나왔다고 할 수 있다. 왜냐하면 그 말에서 사람이 가진 운의 양은 거의 정해져 있다고 여기는 사고방식이 비쳐 보이기 때문이다.

'벌을 받는다'는 생각의 바탕에는 좋은 일이 있으면 그 대신 나쁜 일도 일어난다는 인생의 교훈이 있다. 좋은 일이 있으면 나쁜 일도 있으며, 반대로 나쁜 일이 있으면 좋은 일도 있다. 여기에는 하늘이 사람에게 부여한 운의 양은 모두 동등하고, 마땅히 그러해야 한다는 도덕적 사고방식이 깔려 있다. 그러나 사람의 운이라는 것은 석유나 천연가스처럼 유한한 에너지 자원과 다르다. 운의 양은 결코 정해져 있지 않으며, 그 사람의 사고방식이나 행동에 따라서 운이 따르거나 그렇지 않거나 할 뿐이다.

운의 선택을 받을 만한 적합한 생각이나 행동을 평소에 많이 하는 사람에게는 큰 행운이 따르고 나서도 계속해서 다시 큰 행운이 찾아올 수 있다. 그렇다. 살아가는 동안에 운은 무한히 있다고 생각해도 된다. 하지만 그것은 다이아몬드 광맥을 파듯이 운의 광맥을 열심히 파면 계속해서 운이 따르는 인생을 보낼 수 있다는 식의 단순한 논리가 아니다. 운은 무한할지도 모르지만 그 혜택을 받기 위해서는 타당한 선택을 축적해나가며, 그에 걸맞은 수고나 노력도 동반해야 하는 법이다.

다만 옛사람들의 교훈처럼 좋은 일만 계속될 리는 없다고 생각하는 것도 나쁘진 않다. 사람의 마음은 내버려두면 편한 쪽으로 자꾸만 흐른다. 큰 운을 얻으면 그에 의존하여 사고방식이 안일해져서 행동이 게을러지기도 한다. 그러면 좋은 일은 운이 나쁜 쪽으로 변하는 계기가 될 수도 있다. 그런 의미에서 좋은 일이 일어나면 벌을 받는다는 사고방식은 그렇게 되지 않기 위해 경계할 수 있다는 측면에서 귀담아들을 만하다.

늘 운이 좋은 사람이
지속하는 것들

| 후지타 스스무

나는 비즈니스를 통해서 운의 양은 무한하다는 사실을 실감하고 있다. 자랑 같아서 조심스럽긴 하지만, 줄곧 좋은 운의 흐름을 타고 있다고 느껴서 항상 감사한 마음이다. 17년 전 나를 포함해 세 명이 '제로'에서 시작한 회사가 지금은 직원 3천여 명에 연간 매출 2,000억 엔을 넘어섰다.

그 과정에서 일본 증시 사상 최연소인 스물여섯의 나이에 회사를 상장시켰을 때에도, 매출이 5억 엔, 10억 엔, 100억 엔을 넘었을 때도 늘 '여기'가 내 운의 정점일지도 모른다고 생각했다. 그 이유는 출발점을 돌아보면 정말로 제로였기 때문이다. 하지만 그 후에 1,000억 엔, 2,000억 엔을 넘어 회사에서 점점 훌륭한 동료들이 모였고 책을 쓰면 베스트셀러가 되었다. 또한 좋은 친구들도 만났고 가정에도 충실했으며 마침내 마작 최강위 타이틀까지 획득했다.

이런 나를 두고 남들이 그저 운 좋은 녀석이라고 여긴다면 달리 어찌할 수는 없다. 그러나 요행으로 얻어걸린 럭키펀치^{Lucky} ^{Punch}와 같은 운뿐이었다면 여기까지 올 수 없었다. 나는 지금까지 '합리적인 선택'과 '노력'을 지속하며 계단을 오르듯이 한 발 한 발 전진해왔다. 그런데도 나를 두고 운이 좋은 것뿐이라고 생각하는 사람은 지금에 도달하기까지의 과정을 모르기 때문에 그런 것이다.

예를 들어 동일한 출발점에 서 있는 A와 B가 있다고 하자. A는 합리적인 선택을 하고 노력도 거듭했기 때문에 성장하고 있다. 한편 B는 잘못된 선택을 내리는 바람에 일이 잘 풀리지 않아서 계속 같은 레벨에 머물러 있다. 처음 두 사람의 격차는 아주 약간에 불과했다. 그러나 성공이란 '티끌 모아 태산'이란 속담처럼 제곱으로 작용하는 법이다. 처음에는 작은 승부가 벌어지는 무대만 제공되지만, 승자에게는 보다 큰 승부를 펼칠 수 있는 무대가 연이어 준비된다. 거기서 매번 타당한 선택과 노력을 계속한 A는 급속도로 성장하여 정신을 차리고 보니 굉장한 곳에 가 있다. 여전히 출발점에서 머뭇거리고 있는 B의 입장에서는 A가 어떻게 해서 그곳에 도달했는지 짐작할 수 없어서 '굉장히 운이 좋은 것뿐'이라고 받아들일 수밖에 없는 것이다. 그리고 B는 터무니없이 커져버린 격차를 만회하고자 큰 성공을 노린다. 한 방에 역전을 꿈꾸는 것이다. 그러나 안타깝게도 이는 대개 자멸로 끝나기 십상이다.

한 사람의 인생에 있어서 과연 운의 양이 정해져 있을까? 이것은 흥미로운 물음이다. 행복해보이는 사람이 사실 여러모로 고생하고 있다거나 많이 고생하며 살아온 사람이 인생 후반에 운기가 상승하여 행복한 말년을 보냈다는 이야기를 접하면, 인생의 수지타산은 '더하고 빼면 결국 모두 제로'라는 생각이 들 수도 있다. 그게 마치 신의 절묘한 배분이라고 느껴질지도 모른다.

그러나 나는 그런 공식은 실제로 없다고 본다. 그때 잃은 듯 보이는 것을 나중에 되찾을 수도 있기 때문이다. 물론 행복과 불행은 마음먹기에 따라 달라지므로 그것을 어떻게 받아들일지는 결국 본인에게 달렸지만, 사실상 공식대로는 아닐 것이다. 합리적인 선택과 성실한 노력을 지속해나가면 운은 복리처럼 쌓인다. 결국 그것을 얼마나 지속해나갈 수 있는지가 운의 총량을 결정하는 것이다.

운을 붙잡는 행동 습관

틀이 생기면
스스로 부숴라

| 사쿠라이 쇼이치

내가 표방하고 있는 작귀류 마작에는 무예와 달리 정해진 틀이라는 것이 없다. 뭔가 특수한 마작의 형태를 배울 수 있다고 생각하여 도장에 찾아온 사람들 중에는 배워야 할 게 전혀 없다는 사실을 알고서 조금 맥 빠져 하는 이도 있었다.

하지만 타패할 때 1초 만에 버린다든가 자패字牌◆를 일타로 버

◆　일본 마작의 패는 총 136개의 자패(字牌)로 구성되는데, 자패는 동(東)·남(南)·서(西)·북(北)의 풍패(風牌)와 삼원패(三元牌)라고 불리는 백판(白板), 녹발(綠發), 홍중(紅中)이 있다. 수패는 1만~9만까지의 만수패(萬數牌)와 1삭~9삭까지의 삭수패(索數牌), 1통~9통까지의 통수패(筒數牌)가 있다. 일본 마작에서는 중국 마작과 달리 꽃패(化牌)는 쓰지 않는다.

리는 것을 금지한다든가 하는 몇 가지 규칙은 있다. 이 규칙들은 이기는 것에 집착하지 않고 결과에 이르기까지 깔끔한 마작을 두기 위해 마련한 제약이다. 마작을 깔끔하게 두는 연습을 거듭함으로써 결과적으로 더 강해지는 것이다.

그렇다면 틀이 있고 없고에 따라 대체 무엇이 달라질까. 예를 들어 가라테나 유도 같은 무예뿐만 아니라 모든 스포츠에도 틀이 있다. 그 안에서 연습을 거듭하다 보면 점차 자기 스타일이 만들어져서 자신만의 특기를 몸에 익힐 수 있다. 각각의 스포츠가 가지고 있는 틀에서 더 나아가 자신만의 틀을 구축하는 것이다.

확실히 그런 틀을 가지고 있으면 승부하는 데 강점이 된다. 하지만 그 틀에 지나치게 집착하면 변화에 유연하게 대응할 수 없다는 약점도 생긴다. 이렇게 틀은 고정관념이 되어 몸이나 마음을 경직시키는 요인이 된다. 그리고 변화를 꾀할 때 그것은 걸림돌로 작용한다.

이 틀에 대한 이야기는 딱히 스포츠에만 국한되지 않는다. 일에서도 삶에서도 누구나 자신만의 특기가 발휘되는 어떤 공식 같은 것을 가지고 있다. 하지만 '그 공식에 맞춰 싸우면 강하다'는 말을 뒤집어보면 '그 공식으로 싸우지 않으면 약하다'는 뜻도 된다. 주변 상황은 늘 변하는데 자기 틀에 맞는 타이밍을 가만히 기다리기만 해서는 진정으로 강한 사람이나 승자가 될 수 없다. 말할 것도 없이 자칫하면 변화하고 성장할 수 있는 시기도 놓치기 십상이다.

변화는 유연하게 대응하는 것이 무엇보다 중요하다. 작귀류 마작이 틀을 가지고 있지 않은 이유는 변화를 민감하게 감지해 순간적으로 대응할 수 있는 감각과 움직임을 몸에 익히기 위해서이다.

사람은 틀을 만들면 자신도 모르게 그곳에 안주하고 만다. 따라서 만들어둔 틀에 집착하지 않는 편이 좋다. 정해진 틀에서 얼마나 유연하게 변화할 수 있는지가 그 사람의 성장 잠재력을 결정한다.

두려움 없이
변화를 시도한다

| 후지타 스스무

내가 마작에서 배운 것은 결코 적지 않다. 실제로 회사를 경영하는 데 있어서 마작은 여러 부분에서 활용되고 있다. 마작의 룰이 비즈니스 세계의 룰과 통하는 면이 있기 때문이다.

예를 들어 장기는 대전 상대와 동일한 말이 주어지지만, 마작은 어떤 패가 올지 알 수 없다. 장기는 평등한 상태에서 시작하지만 마작은 불평등한 상태에서 게임이 시작된다. 그런 전제하에서 정해진 룰을 바탕으로 얼마나 빨리 그리고 크게 이기는지 경쟁하는 것이다. 학교에서는 시험공부를 비롯해 대부분 평등한 상태에서 지식을 배운다. 그러나 실제 사회에 나와 보면 일도 인생도 대부분 불평등한 상태에서 시작되지 않는가.

나는 학창 시절에 사쿠라이 씨가 주관하는 작귀회에 잠시 다니기도 하고, 마작장에서 아르바이트도 하며 마작에 푹 빠져 지냈다. 그러나 사회에 나오고 나서는 시간이 없다는 이유로 오랫동안 마작에서 멀어져 있었다. 하지만 다시 인연이 닿아 '마작 최강전 대표 결정전'에 출장했고 우승까지 했다. 그래서 4개월 후 프로 마작 대표 선수들도 참가하는 '마작 최강전 2014 파이널' 진출권을 손에 넣을 수 있었다. 그를 계기로 이왕이면 마작 최강위를 목표로 하자고 결심했고 본격적으로 다시 마작을 시작했다. 그때 나는 상당히 놀랐다. 떠나 있던 십여 년 사이에 마작계가 상당히 진화했기 때문이다.

그것은 분명히 인터넷 마작의 영향이었다. 이기는 법의 패턴 등 지금까지는 잘 보이지 않던 수들이 통계 데이터로 나오고, 그것을 바탕으로 승부하는 풍조도 있었다. 그 가운데 한 가지 타법 트렌드가 나타나면 또 그것을 뛰어넘는 타법이 새롭게 만들어졌고, 그 변화 역시 빠르게 일어났다. 이전과 동일한 타법은 이미 간파 당해서 이기는 수가 되지 못했다. 그건 바로 장기에서 최선의 수가 개선되어 점점 진화하는 것과 같은 이치였다.

원래 나는 디지털 마작에 대해 부정적이었지만 지금의 트렌드를 알고 나니 데이터나 지식을 꼼꼼히 파악한 후에 승부하지 않으면 이제는 아무리 강한 타법이라도 이길 수 없겠다는 생각이 들었다. 그래서 최신 타법 트렌드를 따라잡기 위해 아내에게 수험생 같다는 말을 들을 정도로 마작을 공부하고 있다. 이처럼 마작 세계가 틀을 만들고 다시 그것을 뛰어넘는 틀을 또 만들며 변화하듯이 경영이나 비즈니스 세계도 마찬가지이다.

나는 처음부터 벤처기업에서 일했고 사업을 시작할 때도 제로에서 출발했기 때문에 조직이나 비즈니스 모델을 직접 만들고 또 무너뜨리는 데 익숙한 편이다. 창업 초창기에는 광고대리업을 주로 했지만, 업계 1위에 오른 후에는 그에 만족하지 않고 엔지니어와 함께 새로운 사업 모델을 만들고자 시도한 것이 회사도 나도 크게 성장할 수 있는 기회가 되었다.

일본의 유명 구인·구직 업체인 리쿠르트^{RECRUIT}사의 창업자 에조에 히로마사_{江副浩正}는 "스스로 기회를 만들고, 그 기회를 통해 자신을 바꿔라"를 회사의 기본 방침으로 내걸었다. 그의 말처럼 스스로 틀을 부수고 새로운 기회를 만들어나가지 않으면 진정한 성장을 이룰 수 없다. 입시 공부의 폐해이기도 하겠지만, 사람들은 기존의 틀을 부수고 새로운 틀을 만드는 것에 서툴다. 정해진 틀에서 개선하거나 아이디어를 짜는 데에는 능숙하지만 급진적인 기술 혁신 등은 좀처럼 하지 못한다.

우리 회사에서는 한 가지 틀에 빠져서 경직되지 않도록 변화에 익숙해질 방법을 연구한다. 예를 들어 임원 회의를 할 때 매주 같은 멤버가 같은 자리에 앉아 있으면 사고가 경직될 염려가 있으므로 배치를 바꾸기도 한다. 또한 3개월에 한 번은 분위기를 전환하기 위해 도심에서 떨어진 곳으로 임원 워크숍을 가서 의견을 주고받는다. 그 외에도 사원들의 자리 배치를 바꾸거나 프로젝트 팀의 멤버를 교체하는 등 인력에 변동을 준다. 모두 사원들이 변화에 익숙해지기를 바라는 마음에서 시행하는 것이다.

기존의 틀을 부수고 새로운 틀을 만드는 것은 성장에 있어서 빼놓을 수 없는 과정이다. 한편 모순처럼 들릴 수도 있지만, 틀을 부수는 것과 동시에 회사의 일상적인 업무를 착실히 해나가는 것도 굉장히 중요하다. 일상적인 일을 반복해 나감으로써 안정적인 수익을 확보할 수 있고 그것이 회사의 토대가 되기 때문이다. 다만 오로지 반복만 거듭하면 머리가 굳어져서 변화에 겁을 내기 마련이다. 회사의 쇠퇴는 거기에서부터 시작된다. 그러므로 틀에 사로잡히지 말고 변화하는 것을 늘 염두에 두고 살아가야 한다.

진정한 승부처는 압도적으로
불리한 상황에서 찾아온다

| **사쿠라이 쇼이치**

승부에 강하다고 일컬어지는 사람에게는 공통된 특징이 있다. 그들은 '승부처'에 강하다. 승부처라고 하면 많은 사람들이 기회를 뜻한다고 생각할지도 모르겠다. 하지만 기회와 승부처는 전혀 다르다. 진정한 승부처는 위기 중의 위기, 압도적으로 불리한 상황일 때 찾아온다. 마작으로 말하자면 자기 외의 세 사람이 '리치'를 선언한 상태라고 할 수 있다. 거기에 위축되지 않고 계속 공격해서 위기를 극복하고 상황을 뒤집는다면, 그때 느끼는 성취감은 평범한 승리에서 얻는 것과는 비교할 수 없다.

단순히 기회를 잡아서 바로 이때라는 듯 공격하는 것은 내게 있어서는 딱히 승부처가 아니다. 찾아오는 기회를 제 것으로 삼아서 이기는 것은 단순한 덧셈과 같아서 그다지 흥미롭지가 않다. '제 발로 찾아온 기회를 잡아서 이기는 것은 싱겁다.' 진검 승부를 겨루고 있을 적의 나는 그렇게 생각했다. 그래서 자발적으로 나 자신을 험난한 상황에 몰아넣고 그 상황을 역전시켜 승리를 내 것으로 삼았다. 굳이 벼랑 끝을 선호하는 정신이 없으면 목숨을 건 승부에 나설 자격이 없다고 진심으로 생각했다. '상대가 3에 내가 7로 유리하니까 승부에 나서자'고 하는 것은 기회이지 승부처가 아니다. 도리어 '상대가 9, 내가 1'의 지극히 불리한 상황일 때야말로 승부처이다.

왜일까? 그것은 절체절명의 상황에서는 한 발 뒤로 물러서는 것만으로도 나락에 떨어질 수 있는 리스크나 핸디캡이 되기 때문이다. 그래서 승부처에서는 몸과 마음을 다해 맞서야 한다. 이때 몸과 마음을 다한다는 것은 가지고 있는 힘을 100퍼센트 온전히 발휘하는 것이다.

일반적으로 사람들은 자신은 진지하게 임하고 있다고 생각하는 순간에도 사실 100퍼센트 온전히 힘을 내고 있는 경우는 많지 않다. 기껏해야 70퍼센트나 80퍼센트 정도일 것이다. 승부처에서 승기를 잡기 위해 한계까지 내는 힘, 이는 평소에 40킬로그램밖에 들지 못하는 사람이 80킬로그램을 드는 것과 같이 위급한 상황에서 나오는 초월적인 힘이다.

무엇보다 승부처에서 승리하기 위해서는 압도적으로 불리한 상황을 뒤집을 수 있을 만큼의 힘을 가지고 있어야 한다. 그만한 힘이 없으면 기껏 발휘한다 해도 맞설 수 없다. 벼랑 끝에서 발휘되는 본질적인 승부력勝負力은 평소에 불리한 상황에서도 피하지 않고 대처하는 자세로 살아가야 단련된다.

나는 역경이 닥치면 기꺼이 그 안으로 뛰어든다. 그 편이 여러모로 궁리할 수도 있고 해야 할 일이 많아서 즐겁다. 물론 힘들다는 생각이 들지 않는 건 아니지만 형세를 뒤집거나 극복했을 때의 쾌감은 무엇으로도 대체하기 힘들다. 나는 그렇게 승부처에서 이기는 힘을 갈고닦았다. 설령 기회를 잘 잡아도 승부처에서 도망치는 사람은 최종적으로 이길 수가 없다. 결국 '이기는 운'을 지속적으로 얻으려면 승부처에 강해야 한다.

승부처

불리함 속에
나를 던지고 몰아세운다

| 후지타 스스무

나의 경영 스타일을 보며 승부에 정말 강하다고 말하는 사람들이 많다. 참으로 고마운 말이다. 확실히 회사 경영의 측면에서 보면 두뇌가 명석한 사장보다 승부에 강한 사장이 있는 편이 더 든든할 것이다.

닷컴버블의 절정기에 상장해서 이후 적자가 이어지고 수익구조상 절대로 흑자를 낼 수 없다는 말까지 들었지만 결국 흑자로 돌아섰을 때, 이익을 내는 것이 어렵다고 했던 아메바 블로그를 대규모 미디어로 키워냈을 때, 스마트폰 보급에 의문의 목소리가 강했던 시기에 컴퓨터와 피처폰에서 스마트폰으로 사업 구조를 재빨리 변경했을 때 등등 나는 큰 승부처에서 반드시 이겼다. 물론 그로 인해 회사도 크게 성장했다. 17년간 회사를 꾸려왔지만 이러한 큰 승부처는 매해 찾아오진 않는다. 몇 해에 한 번 있을까 말까 하는 정도이다.

가끔 젊은 친구들로부터 "일을 할 때 가장 큰 동기는 무엇입니까?"라는 질문을 받는다. 아마도 그들이 기대하는 답은 "큰 목표와 꿈이 가장 큰 모티브가 됩니다" 같은 종류일 것이다. 그렇다면 그 점에 있어서는 착각이라고 말해주고 싶다. 실제로 결정적인 승부처에서 이길 수 있는 이유는 나 자신을 몰아세우는 데 있기 때문이다. 창업이란 세상을 향해 목표를 내걸고 투자자를 비롯하여 수많은 사람들을 휘말리게 해서 돌이킬 수 없는 상황을 만드는 것이기도 하다. 한창 그런 상황에 있을 때는 마치 누군가 발밑에서 장작불을 태우는 듯한 느낌이 든다. '여기서 위로 올라가는 걸음을 멈추면 타죽는다'는 생각이 들 정도로 절체절명의 순간인 것이다.

이러한 때에 세우는 목표는 자신의 힘을 온전히 발휘해야 아슬아슬하게 이길 수 있는 높이로 설정되어 있다. 그리고 그 목표가 달성되면 또다시 아슬아슬한 높이의 새 목표를 세운다. 벤처업계에서는 그렇게 목표를 세워가는 경영자들이 적지 않다. 물론 그중에는 회사를 상장시켜서 부자가 되고 싶다는 명확한 목표를 가지고 사업을 시작하는 사람도 있다. 하지만 그런 사람은 자산을 어느 정도 손에 넣으면 그쯤에서 목표를 달성했다는 기분에 젖어서 오래 이어가지 못한다.

스마트폰 쪽으로 사업을 모두 전환했을 때도 실패하면 그때까지 구축해온 것을 대부분 잃게 되는 큰 리스크를 짊어진 채 승부를 펼쳤다. 이처럼 큰 승부처라는 것은 그에 상응하는 리스크를 끊임없이 동반하고 있다.

나는 인간이란 기본적으로 게으른 쪽이라고 생각한다. 따라서 힘을 100퍼센트 내어 열심히 하려고 해도 막다른 골목에 몰리지 않은 평소 상황에서는 실제로 100퍼센트를 낼 수 없다고 본다. 진정으로 큰 승부처에서는 100퍼센트 온전한 힘을 내지 않으면 이길 수 없는데, 그러기 위해서는 결국 변명할 여지가 없는 아슬아슬한 상황으로 자신을 몰아붙이는 수밖에 없다.

축구에서도 1부 리그의 우승 경쟁 시합보다 지면 2부 리그로 강등될지도 모르는 시합 쪽이 더 재밌는 법이다. 그것이야말로 벼랑 끝에서 필사적으로 싸우고 있는 상황이므로 선수의 움직임이 활발해서 더 보는 재미가 있다. 시즌 중에 이만큼 필사적으로 열심히 했더라면 강등될 위기가 없었을 것이라는 생각이 들 정도이다.

아무 말도 하지 않고 조용히 실행하는 '불언실행不言實行'은 멋은 있어 보이지만, 실패했을 때 창피를 당하지 않고 도망칠 길을 남겨놓는 태도라고 할 수도 있다. 나는 조직에 있어서는 자신을 몰아세워 회사 전체를 휘말리게 하지만, 말한 것은 반드시 실행해 내는 '유언실행有言實行' 쪽이 결과를 낼 수 있다고 생각한다. 따라서 목표를 세우고 바로 실행하고자 할 때는 블로그 등에 글을 쓰거나 만나는 사람에게 적극적으로 이야기하여 퇴로를 아예 차단하는 것이 낫다.

이 세상에
'답'은 없다

| **사쿠라이 쇼이치**

진정으로 강한 사람은 '이기는 것'에 그다지 집착하지 않는다. 이기는 것보다 '강인함'을 추구하기 때문이다.

하지만 강인함이란 것은 애초에 '답'이 없다. 무엇을 강하다고 하는지, 어느 정도까지 가면 강하다고 할 수 있는지 확실하게 제시할 수 없기 때문이다. 사실 강인함의 본질은 그 답이 없다는 것에 있다. 그래서 자신의 몸과 마음으로 느끼는 수밖에 없다.

이기는 것은 예컨대 제한된 씨름판 안에서 승리를 거둔 하나의 상대평가에 지나지 않으며 본질적인 강인함과는 거리가 있다. 강인함이 곧 이기는 것이라고 생각하는 사람이 많지만, 강인함은 결코 그렇게 표면적인 것이 아니다.

지금의 사회는 사람이 살기 쉽도록 사전에 많은 답을 준비해두는 경향이 있다. 학교에서 배우는 공부에 모두 답이 있듯이 일에서도 생활에서도 이럴 땐 이렇게 하면 잘 풀린다는 답이 준비되어 있다. '이런 회사에 들어가면 윤택한 생활을 할 수 있다', '이렇게 하면 업무가 잘 풀린다', '이렇게 해야 돈이 모인다', '인간관계를 원활하게 쌓으려면 이렇게 하면 된다', '건강하게 오래 살려면 이렇게 해야 한다' 등 필요에 의해 답을 정해두고 그에 맞춰 살려고 한다.

답을 많이 알고 있는 편이 행복하고 좋은 인생을 살아갈 수 있다고 생각할 수 있지만, 그건 사회가 준비해둔 정형화된 답일 뿐이다. 그걸 타당하다고 믿고 따르는 것은 매뉴얼화된 삶일 뿐이다. 하지만 우리가 실제로 살아가는 세계는 변화무쌍하고 정해진 하나의 답이란 게 있을 리 없다.

사람이란 무엇인가. 살아간다는 것은 어떤 것일까. 우주란 무엇일까. 무한이란 무엇일까. 그런 문제에 과학이나 종교의 입장에서는 방정식이나 교리를 사용해 답을 도출할 수는 있다. 하지만 그건 어디까지나 부분적인 해석이지 진정한 답은 아니다.

절대적인 답, 진정한 답, 그런 것은 어디에도 없다. 사람에 따라 만약 참된 답이 있다고 믿는다면 그것은 살아가면서 순간순간 느끼는 수밖에 없다. 또한 그 답은 하나의 형태로 머물지 않고 계속해서 변화한다. 무수한 답에 둘러싸여 있으면서도 답을 추구하지 않는 마음. 그 마음은 틀림없이 사람을 강하게 만들어줄 것이다.

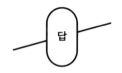

열정과 성실로
반드시 답을 만들어낸다

｜후지타 스스무

비즈니스에 답이 있다고 생각하는 사람이 의외로 많다. 아마도 그들은 학교 시험처럼 문제가 있으면 답도 있다고 단순하게 믿고 있는 것일 테다. 하지만 변수가 많은 비즈니스에 명확한 답이 있을 리가 없다. 오히려 누군가의 열정과 노력으로 답이 만들어짐으로써 대부분의 비즈니스가 성립된다.

나는 회사를 만들 때, 그 앞에 답이 있을지 없을지 도무지 알 수 없는 곳을 손으로 더듬어가며 전진했다. 답이 있다고 단정 지을 수 없다는 건 알고 있었다. 다만 답의 유무有無를 알 수 없는 곳에서도 답을 만들 수 있다고 믿었던 것이다. 만약 답이 처음부터 있다면 다른 모든 사람들도 안심하며 시도했을 것이다. 그러나 벤처 사업을 하는 사람은 답이 없는 상황에서 스스로 만들어가야 한다.

우리 회사에 들어온 신입 중에서도 경영자인 내가 제대로 된 답을 낼 수 있다고 오해하는 사람이 있다. 당연히 내가 모든 답을 가지고 있을 리가 없다. 그저 '답은 반드시 있다'고 믿고 승부하는 것뿐이다. 물론 나 역시 모두와 마찬가지로 불안함을 느낀다. 그래도 리더는 어둠 속에서도 비전을 내걸고 모두에게 용기를 북돋우며 이끌어가야 한다.

예를 들어 2004년에 아메바 블로그를 설립할 때도 그랬다. 처음 4년 정도는 적자가 이어지고 계속 답을 내지 못해서 상당히 고생했다. 그동안 미국에서 먼저 출발했던 블로그 사업 시장도 결국 만족스러운 이익을 내지 못하고 관련 기업들이 연이어 철수했다. 국내를 봐도 같은 형편이었다. 최종적으로는 전 세계에서 블로그 사업으로 제대로 된 수익을 올리려고 하는 회사는 우리 말고는 없는 상황이 되고 말았다.

그쯤 되면 사원들 사이에서도 '사장은 답이 있다고 하지만 정말 그럴까?', '열심히 한 우물만 파는데 어쩌면 잘못된 곳을 파고 있는 게 아닐까?' 하는 의구심이 솟구칠 만하다.

실로 암흑 속을 걸어가는 듯해서 어디에 함정이 도사리고 있고 어디에 맹수가 숨어 있는지 도무지 알 수 없었다. 모든 것이 의심스러워져 가고 있던 차에 외부에서도 불안을 부추겼다. 블로그로 돈을 버는 회사는 전 세계 어디에도 없다거나 아메바가 흑자를 낼 수 있을 리 없다는 업계의 풍문이 들렸다. 부정적인 말은 불안할 때 더욱 설득력 있게 들리는 법이다. 그럼에도 리더는 '답은 있다'고 단언하는 수밖에 없다. 반드시 목표에 도달할 수 있으니 괜찮다고, 안심하라고 단언하며 자신만만하게 행동하는 것이 리더의 책무이기 때문이다.

물론 리더 한 사람이 앞장서는 것만으로는 모두를 끌어안을 수 없다. 비즈니스에서 새로운 것에 도전할 때는 처음엔 한 사람이라도 괜찮으니 리더에게 동조해주는 추종자가 필요하다. 그 처음 한 사람이 계기가 되어 서서히 주변을 설득하면서 범위를 넓혀가다 보면 대다수의 사람들이 답은 반드시 있다고 믿게 된다. 그러면 결과적으로 '무'를 '유'로 바꿀 수 있는 것이다.

답이 없는 곳에서 답을 낸다는 것은 이와 같다. 우선 자기 스스로 반드시 답을 찾겠다고 열정과 성의를 다하는 것에서부터 모든 것이 시작된다.

절대적인 궁지에서
자신을 시험한다

｜ 사쿠라이 쇼이치

"수라장修羅場에서 이성을 잃지 않고 대처하려면 어떻게 해야 할까요?"

생업으로 대리 마작의 가혹한 진검 승부를 거듭해온 이미지 탓인지 전부터 이런 질문을 자주 받았다. 한마디로 정의하긴 어렵지만 적어도 이건 말해줄 수 있다. 수라장에 휘말리면 자칫하다가 두 번 다시 일어설 수 없는 타격을 입는다는 것이다.

수라장은 정신적으로 큰 혼란에 빠진 상태를 말하는데, 노골적으로 수라장의 면모를 보이는 상황과 의식하지 못할 정도로 은밀하게 그 면모를 보이는 상황이 있다.

수라장이라는 것은 맹수처럼 갑작스럽게 송곳니를 드러내므로, 아무리 노력해도 마음이 격하게 동요할 수밖에 없다. 그 결과 평정심이 순식간에 깨져 머릿속이 하얘질 때가 있다. 그런데 정신이 혼란스러워서 영문을 알 수 없는 상태를 왜 '머릿속이 새하얘졌다'고 표현하는 것일까. 상황이나 사물을 제대로 볼 수 없으니 '머릿속이 새까매졌다'고 표현해도 될 텐데 말이다.

거기엔 명확한 이유가 있다. 눈 덮인 산에서 사나운 눈보라에 휩쓸리면 화이트아웃White out 현상이 일어나 전후좌우를 인지하는 감각이 완전히 사라진다. 그냥 어둠 속이라면 청각이나 후각에 의지해 손으로 더듬어서라도 움직이겠지만 사방이 새하얀 공간은 칠흑 같은 어둠보다도 더 정신을 혼란스럽게 만들어서 이성을 잃게 만든다.

대리 마작사 시절, 승부를 둘러싼 일로 야쿠자에게 협박당하거나 바다나 강에서 목숨을 몇 번쯤 잃을 뻔했어도 머릿속이 새하얘지는 일이 없었던 이유 중 하나는 늘 눈앞의 상황을 파악하는 본능적인 습관이 몸에 배어 있었기 때문이다. 한 발 앞에 있는 형세를 끊임없이 파악해왔기에 갑자기 수라장이 벌어지는 사태가 일어나지 않았던 것이다. 짧은 순간에 수라장에 대한 준비나 마음가짐이 이루어졌다고 할 수 있으리라.

다른 한 가지 이유는 '막판'이라는 절대적인 궁지를 오히려 자신을 시험하는 기회로 받아들였기 때문이다. 수라장에 빠졌을 때 무엇보다 중요한 것은 자신을 잃지 않고 그 상황에서 주도권을 쥐는 것이다. 주도권을 쥐면 어디로든 빠져나갈 길을 찾을 수 있다. 결국 수라장을 만드는 것도 없애는 것도 자신의 의식이다.

이성을 잃으면
거기서 게임 오버

| **후지타 스스무**

수라장에서 머릿속이 새하얘지는 것은 간단히 말하면 예상외의 일에 대해 사전에 준비를 하지 않았다는 뜻이다. 예를 들어 골프에서 규정된 장소 밖으로 공을 치는 OB^{Out of Bounds}가 두 번 연속으로 나서 머릿속이 새하얘지는 것은 그 상황이 예상 밖의 일이기 때문이다. 그 골프 선수의 스코어가 그 후에 얼마나 비참해질지는 설명할 필요도 없다.

마찬가지로 업무 중에도 머릿속이 새하얘지면 참으로 비참한 상황이 초래된다. 나중에 제정신으로 돌아올 때까지 무슨 일이 일어나고 얼마나 많은 손실이 발생할지 예상하기란 불가능하다.

특히 승부처에서 머릿속이 새하얘지면 거기서 게임 오버^{Game over}라고 봐도 무방하다. 비즈니스가 공황 상태에 빠지는 것은 발생한 문제가 '예상외로' 크기 때문이다. 어떤 문제든 예상 범위 내에 있으면 머릿속이 새하얘지는 일은 없다. 그렇기 때문에 다양한 상황을 사전에 예상해두는 과정이 필요하다.

우수한 경영자는 사업 계획을 세울 때 리스크를 철저하게 밝혀내어 온갖 가능성을 미리 시뮬레이션해보고 나타날 수 있는 문제들을 하나씩 검증해나간다. 그런 후에 플랜 A, B, C 등을 준비해두는 것이다. 생각할 수 있는 모든 경우의 수를 예상하여 준비해두면 어떤 일이 일어나도 그것은 예상 범위 내에 해당한다. 따라서 수라장이라는 혹독한 상황도 예상 범위 내에 있으면 머릿속이 새하얘질 일이 없다.

경험치를 올리고 업무 능력을 높인다는 의미에서 수라장을 경험해보는 것도 좋다. 우리 회사에서도 출세한 사람은 대개 수라장을 거쳐 왔다. 사내 연수를 가면 '내가 경험한 수라장'을 주제로 상사가 자기 이야기를 들려준다. 그럴 때 부하 직원들은 참 흥미진진해 한다. 그만큼 수라장이라는 것은 배울 점이 많기 때문이다.

비즈니스맨은 문제가 생겼을 때 공황에 빠지거나 이성을 잃고 폭발하면 거기서 '게임 끝'이다. 자신이 손해를 보는 것뿐만 아니라 회사 조직에 큰 폐를 끼치기 때문이다. 적대적 기업매수를 의도하는 사람들, 흔히 '기업사냥꾼'이라 불리는 이들은 상대 기업의 경영자가 이성을 잃고 폭발하도록 마음의 동요를 유발한다. 상대가 이성을 잃음으로써 우위에서 개입할 수 있는 기회를 만들 수 있기 때문이다. 예전에 나와 사상 최연소 상장 기록을 경쟁하여 화제가 된 BBS 서비스 업체 크레이피시^{Crayfish}의 사장은 바로 그 수법에 넘어가서 스스로 무덤을 파고 해임되었다.

납득할 수 없는 인사이동, 싫어하는 상사, 거래처의 도리에 어긋나는 행태 등 일을 하다 보면 누구든 이성을 잃는 것이 당연할 법한 상황과 마주친다. 그러나 성공하는 사람과 출세하는 사람은 모두 견디기 힘든 것을 견뎌내고 참기 힘든 것을 참아낸다. 이성을 잃으면 거기서 게임 끝. 이 말을 기억해두고 아슬아슬한 상황에 처하더라도 한순간도 이성을 잃지 않도록 하자.

달리면서 다음 화살을 쏘는 사람만이
계속 이길 수 있다

| 사쿠라이 쇼이치

승부의 흐름이라는 것은 그것을 읽는 것도 중요하지만 어떻게 대응하고 움직일지 연이어 생각해서 실행하는 것도 중요하다. 승부에 있어 하나의 국면이 같은 형태로 계속 이어지는 일은 있을 수 없기 때문이다.

국면은 시시각각 형태를 바꾼다. 그래서 한 가지만 준비해서는 때를 놓친다. 시야가 좁은 사람은 하나의 국면에만 갇힌 채 무의식중에 그곳에 집중한다. 그런 사람은 다음에 쏘아야 할 '화살'을 준비하지 못한다. 그러다 국면이 바뀌면 이전까지는 우세했더라도 갑자기 운을 잃고 만다. 승부에서 계속 이기는 사람은 첫 번째 화살을 쏘고 난 후, 두 번째 화살과 세 번째 화살을 연달아 준비하여 알맞은 타이밍에 쏠 줄 아는 사람이다.

첫 번째 화살을 쏘고 다음 화살을 준비하지 못하는 사람의 유형은 두 가지이다. 하나는 상황 파악이 느린 사람, 다른 하나는 완벽주의 성향을 가진 사람이다. 이때 고쳐지지 않는 것은 의외로 후자이다.

완벽주의자는 정성을 들여 준비해서 완벽하게 하지 않으면 다음 행동으로 이어가질 못한다. 유효한 화살을 쏘려면 준비와 실행의 이음매를 어떻게 자연스럽게 다듬는지가 핵심이다. 하지만 완벽주의자는 준비와 화살을 쏘는 타이밍 사이에 리듬감이 없기 때문에 쏜 화살이 과녁을 빗나가거나 다음 화살을 시간에 맞춰 준비하지 못한다.

승부의 흐름에 있어서는 준비를 마치고 나서 달리는 것이 아니라 달리면서 두 번째 화살과 세 번째 화살을 쏘는 감각이 필요하다. 그렇게 하지 않으면 계속 흐름을 이어갈 수가 없다. 예를 들어, 턱걸이를 하는 도중에 한번 팔을 쭉 펴버리면 다시 몸을 끌어올리는 데 그 전보다 훨씬 더 많은 힘이 든다. 그러다 기진맥진하고 만다. 완벽주의 성향이 강해서 한 가지를 준비하는 데 사로잡힌 사람은 턱걸이 도중에 팔을 완전히 펴버리는 사람과 닮았다.

흐름 속에서 운을 잃지 않으려면 이처럼 첫 번째 화살뿐만 아니라 두 번째 화살과 세 번째 화살도 연이어 쏴야 하는데, 반대로 운이 없을 때도 그것은 마찬가지이다. 운이 없는 국면에서는 첫 화살을 쏜 후 흐름이 갑자기 달라져서 운이 따르기 시작하는 일은 좀처럼 일어나지 않는다. 이때 나약한 사람은 거기서 포기하고 상대에게 등을 보이고 만다.

그러나 첫 화살 정도로 상황이 간단히 바뀔 리가 없다는 걸 아는 사람은 두 번째 화살과 세 번째 화살을 꿋꿋이 계속 쏜다. 과감하고 끈질긴 공격은 이윽고 강인함으로 변모하여 운을 부르는 흐름으로 바뀐다. 승부에 있어서는 이기고 있든 지고 있든 운이 있든 없든, 언제 어떤 상황에서도 여러 개의 화살을 준비해두는 것이 무척 중요하다.

계속 지는 사람에 비해
계속 이기는 사람은 왜 적은가?

| 후지타 스스무

나는 첫 번째 화살을 쏘고 두 번째 화살과 세 번째 화살을 연이어 쏘는 상황을 승부처로 여긴다.

회사 경영을 할 때에도 승부처에서 단숨에 공격하여 큰 결과가 나오기 시작하면 단기적으로 평소의 몇 배나 되는 집중력과 시간을 투자한다. 같은 수고를 들여도 이전보다 몇십 몇백 배나 되는 성과를 얻을 수 있는 기회이므로 한시라도 긴장을 늦출 수 없다. 신규 사업에 대한 이야기가 계속해서 나오고 매스컴의 취재 요청도 한꺼번에 밀어닥친다. 또한 투자가도 연이어 만나러 오고 사업이 확대됨에 따라 입사 희망자들도 많아진다. 그때야말로 회사를 비약적으로 성장시킬 절호의 기회인 것이다. 나는 바로 그 것이 비즈니스의 승부처에서 회사의 역량이 발휘되는 순간이라 고 생각한다.

마작에서의 타법도 비슷하다. '기회는 지금'이라고 생각되면 두뇌를 전부 가동시켜서 한순간도 긴장을 늦추지 않는 공세 모드로 들어간다. 흐름이 내 쪽에 와 있을 때 연이어 공격하면 상대는 불안감을 느끼기 마련이다. '앞에서 큰 수가 나왔으니 이번에도 큰 수를 내놓지 않을까?', '얼른 이 상황을 넘기지 않으면 곤란해'라는 생각에 불안해하고 초조해하기 시작한다. 그렇게 되면 흐름이 점점 더 나에게 유리하게 기운다. 마작 최강 결승전에서 나의 대전법이 바로 그러했다.

그런데 승부의 세계를 보면, 질 때는 걷잡을 수 없이 지는 사람이 얼마든지 있는 데 비해 이길 때 연달아서 이기는 사람은 이상하리만치 적다. 걷잡을 수 없이 패배하는 사람은 흐름이 나쁜데도 열을 내며 한 방에 역전을 노리다가 더 깊은 수렁에 빠진다. 또는 불안감 때문에 지나치게 소극적인 태도를 취하게 되어 열세에서 벗어날 계기를 잡지 못하고 질질 끌다가 패한다. 그렇다면 당연히 흐름이 좋을 때는 걷잡을 수 없이 패배하는 사람의 행동을 반대로 하면 계속해서 이길 수 있지 않을까. 흐름이 좋으니 더욱 크게 이기겠다는 식으로 공격을 계속하면 되는 것이다.

좋은 흐름을 타고 있는데도 계속해서 이기지 못하는 사람이 많은 것은 승리를 얼른 확정 짓고 싶은 마음에 승부를 일찍 끝내거나, 과거에 끈질기게 파고들다가 실패했던 기억이 머릿속을 스쳐서 불안을 느끼고 도중에 물러나버리기 때문이다. 물론 흐름이 달라졌다고 판단되면 재빨리 멈춰야 하지만, 여전히 좋은 흐름이 이어지는데도 굳이 스스로 끊어버릴 필요는 없다.

비즈니스란 거의 평생을 들여서 해나가는 장기전이다. 흐름이 좋을 때가 있으면 나쁠 때도 있다. 그런 장기전에서 의욕을 계속 최고조로 유지하는 것은 보통 사람이라면 불가능하다. 구직활동 중인 학생이나 신입사원과 이야기해보면 일에 대한 그들의 의욕이 지나치게 높아서 때로는 걱정이 되기도 한다. 비즈니스맨으로서 앞으로 긴 시간을 살아갈 것을 생각하면 그 의욕을 그대로 유지할 수 있을지 궁금하다.

일이라는 것은 기본적으로 수수한 법이다. 경영자 또한 평소에 하는 일은 단조로운 것이 많다. 게다가 일이 잘 풀리면 좋겠지만 생각대로 되지 않을 때가 훨씬 많다. 그런 가운데 필요 이상 무리한다면 어느 단계에 이르러서는 번아웃이 오고 만다. 장기전에 대비하려면 평소 의욕은 높지도 낮지도 않게, 적당히 유지하는 편이 좋다. 그리고 승부처가 왔을 때 기어를 바꾸고 단숨에 액셀 페달을 밟듯 의욕을 끌어올려 연달아 활을 쏘면 된다.

'절대'라고
말하지 않는다

| 사쿠라이 쇼이치

"저 녀석은 뭐든 적당히 해"라고 말할 때 보통은 나쁜 뉘앙스를 풍긴다. 그러나 나는 적당히 할 줄 아는 감각은 좋은 것이라고 생각한다. 우리를 둘러싼 세계는 끊임없이 변화하고 있고 무질서해서 형태를 명확하게 정의할 수 없다. 다만 그것을 있는 그대로 받아들이면 혼란스럽고 너무 불안하므로, 우선 선을 그어서 근거를 만들거나 절대적이라고 생각되는 것을 만들어두고 안심하려는 경향이 있다.

하지만 시시각각 변하는 유동적인 세계에서는 그렇게 그어진 선이 계속해서 의미를 가지지 못하고 다양한 문제를 일으키기도 한다. 따라서 변화무쌍하고 불확실한 세계를 이해하고 맞춰 살아가려면 거시적인 감각을 가지는 편이 유리하다. 예를 들어 마작을 할 때 상대의 패는 보이지 않는다. 그러나 상대의 타법이나 전체의 흐름을 보고 있으면 왠지 모르게 상대의 패를 '알 수 있다'. 이것은 '지금은 이런 상태'라고 대략적으로 파악하는 감각적인 기술이다.

이 '안다'는 것을 명확하게 설명하기란 쉽지 않다. 다만 '왠지 모르게'라는 대략적인 감각을 가지고 임하면 알 수 있지만, '절대'라는 감각으로 임하면 아는 데에 도달하지 못한다. 대략적으로나 왠지 모르게 느껴지는 유동적인 면에 의해 처음으로 '앎'에 대한 의식이 생기기 때문이다. 반대로 '확실히' 파악하려는 절대적인 의식은 과녁에서 빗나가기 십상이다. 그래서 '대략, 왠지 모르게'라는 모호한 감각이 결과적으로는 대상을 명확하게 파악하는 데 도움이 된다.

'절대'라는 감각은 과녁에서 빗나가는 것뿐만 아니라 상황을 악화시키는 계기가 되기도 한다. 실수를 저지른 사람이 앞으로는 절대로 실수하지 않겠다며 용서를 빌어도 나중에 또 그러지 않는다는 보장은 어디에도 없다. 마찬가지로 증권사 직원이 "이 주식은 반드시 오릅니다"라고 단언했다 해도 정말로 오를지 아닐지는 누구도 알 수 없다.

'절대 ○○하다(한다)'고 말하는 사람은 미래의 일을 확정하고 있지만, 끊임없이 계속 변화하는 무상無常의 세계에 있어서 '절대적인 예측'이란 있을 수 없다. 따라서 그 예측은 100퍼센트 거짓이다.

나는 '절대'를 대신하는 말로 '우선'이라는 표현이 적절하다고 생각한다. '지금은 우선 이러한 상태이다', '우선 앞으로 이렇게 될 것 같다'라는 표현이라면 그 말에 거짓이 섞이는 일은 없다. 그 순간에는 그 순간의 사실이 우선이기 때문이다.

그렇게 대처하는 감각을 넓혀가면 현 상황은 나쁘더라도 '지금은 우선 나쁠 뿐'이라고 여길 수 있다. 그리고 더 나아가 '앞으로 상황이 달라져서 호전될지도 모른다'고 희망을 가질 수 있다. 같은 맥락에서 운이 계속 좋아도 '지금 우선 운이 좋을 뿐이다'고 생각하면 기분이 들떠서 빈틈을 만드는 일은 없을 것이다.

'대략'적으로
큼직하게 파악한다

| 후지타 스스무

우리 회사는 2018년까지 1,000억 엔의 이익을 내겠다는 중장기 계획을 세우고 있다. 그 숫자를 본 증권 분석가가 "현실적인 숫자입니까? 정말로 달성할 수 있을까요?"라고 물었다. 그 질문에 대해 나는 "대략 그 정도를 목표로 삼고 있다는 겁니다. 현재 200억 엔이니 근사치만 돼도 상당히 성장한 것이나 다름없으니 달성은 하지 않아도 괜찮습니다"라고 답했다.

경영 목표를 달성하기 위해서는 계획에서 수행 단계까지 모든 것을 세세하게 결정할 필요가 있다. 하지만 그것을 지나치게 추구하면 조직은 유연성을 잃는다. 예를 들어 사업이 계획대로 진행되지 않으면 목표치에 부족한 만큼의 이익을 더 내야 한다는 강박이 최우선 사항이 되어 근무 시간을 너무 늘리거나 거래처를 무리하게 다그칠 수 있다.

일이라는 것은 자동차를 운전할 때 갑작스러운 상황에 대비할 수 있도록 어느 정도 안전거리를 확보하는 것과 비슷하다. 그런 융통성을 두면 여유가 생긴다. 한편 뭐든 빠듯하게 결정하면 소통이 원활하게 되지 않아 자유로운 발상도, 유연한 대응도 할 수가 없다. 인터넷 업계는 변화가 격렬하다. 어느 정도의 틈도 없이 결정하면 갑작스러운 변화에 대응하지 못해 오히려 족쇄가 될 위험이 있다.

비즈니스에 있어서는 '대략이나 우선의 감각'을 가지고 큰 틀을 정해두는 것이 중요하다. 그리고 도중에 임기응변으로 거듭 목표를 수정하거나 방침을 전환하며 정밀도를 높여가면 된다. 처음의 큰 틀, 그리고 그것을 달성하는 치밀한 계획에 도달하기까지의 과정을 수치나 계산에만 의지해 단정 지으면 오히려 성공 가능성은 점점 줄어든다.

마작에서도 '저 사람은 분명 만수패^{萬數牌}◆로 혼·청일◆◆로 가

◆　마작 패의 종류로 1만~9만까지 한자가 쓰여 있다. 동전 만 개를 의미한다.

◆◆ 마작에서 3판 역의 하나로 한 종류의 수패와 자패로 만드는 혼일색(混一色)과 6판 역으로 한 종류의 수패만으로 만드는 청일색(淸一色)을 말한다.

고(만들고) 있는 거야'라든지 '텐파이聽牌,テンパイ◆인 것이 틀림없어'
하고 단정 지어도 상황은 시시각각 달라진다. 두세 번 돌다 보면
몇 분 전에 단정 지었던 것과는 전혀 다른 상황이 펼쳐지기도 하
는 것이다.

사쿠라이 씨가 '대략'이나 '우선'이라는 감각을 중요하게 여기
는 것은 그 방식이 처음부터 포커스를 좁혀가는 것보다 오히려
과녁을 더 정확하게 뚫을 수 있기 때문이다. 포커스를 정확하게
맞춘다는 건 '절대적인 감각으로 결정'하는 것이다. 그러나 그렇
게 하다가는 지나치게 힘이 들어가서 과녁을 벗어날 확률만 높
아진다.

절대적인 감각에서 벗어나 대략적으로 우선은 큼직하게 파악
하라. 그리고 그 안에서 감각의 안테나를 재빨리 움직여서 감도
가 좋을 법한 곳을 발견하고 좁혀가라. 그렇게 하면 과녁을 정확
하게 뚫을 수 있을 것이다. '단정 짓지 않는 것'의 유연함에서 생
기는 효과는 결코 작지 않다.

◆   판을 나기 직전의 대기 상태.

컨디션이 좋지 않을 때는
'기본 동작'으로 돌아간다

│ 사쿠라이 쇼이치

운동선수는 컨디션이 흐트러지면 대개 의식적으로 기본 동작으로 돌아가려 한다. 야구라면 배트 스윙을 착실하게 반복하거나 허리와 다리를 보다 탄탄하게 만들기 위해 열심히 러닝 훈련을 하여 다시 한번 토대를 다짐으로써 재기를 꾀하는 것이다. 인생에서 난조亂調를 겪을 때도 마찬가지이다. 일이나 인간관계에서 아무래도 차질이 잦다거나 전체 운기가 떨어진 듯한 느낌이 들때는 '인생의 기본'을 의식적으로 상기해야 한다. 나는 승부를 통해 체득한 마작의 기본 동작이나 마음가짐을 생활의 모든 국면에서도 잊지 않도록 하고 있다. 일이 잘 풀릴 때의 방법, 기분이 좋게 느껴질 때의 행동은 모두 기본이나 초심자의 마음가짐에서 나오는 것이다.

내가 말하고자 하는 기본이나 마음가짐을 한마디로 간단히 정의하긴 힘들지만, 몇 가지 예를 들어 설명하자면 이런 것이다. 마작에서는 패를 얼마나 부드럽게 두느냐로 그 사람의 실력을 알 수 있는데, 마작뿐만 아니라 무슨 일에서든 힘을 빼고 유연하게 생각하며 움직이는 것이 무척이나 중요하다. 이것은 기본 중의 기본이다. 또, 스포츠에서 힘이 들어가면 몸이 경직되어 좋은 움직임이 나오지 않는 것과 마찬가지로 일에서도 삶에서도 지나치게 기를 써서 힘이 들어가 있을 때는 좋은 결과가 나오지 않는 법이다.

적당하게 조절하여 힘을 덜어냈을 때의 상태는 부드러운 강인함을 가지고 있다. 마음이 부드러워지고 사고가 유연해진다. 그러면 변화나 흐름을 순간적으로 감지하여 자유자재로 대응할 수 있다. 변화에 뒤처지면 사고가 경직되지만, 힘을 빼고 유연해지면 사고가 경직되는 일은 결코 일어나지 않는다.

"생각하기보다 느껴라." 이것도 도장생들에게 자주 하는 말이다. 사람은 생각하는 만큼 망설임도 깊어지기 때문에 감각을 갈고닦아서 느끼는 것을 삶의 기본으로 삼으면 목표를 달성할 기회는 늘어날 것이다. 또한 거시적인 관점이나 전체관全體觀을 가지는 것도 중요하다. 자신의 일뿐만 아니라, 상대나 주위의 일도 생각하는 상대적인 감각을 넓혀감으로써 전체관은 형성된다. 자신의 일만 생각하는 부분관部分觀만으로는, 일시적으로 얻는 것이 많을 순 있어도 최종적으로는 얻는 것보다 잃는 것이 많아지는 법이다.

"순수와 용기를 가져라." 상당히 진부한 말 같아서 예전에는 굳이 언급하기도 멋쩍었지만, 사실 짤막한 표현은 무척이나 깊은 의미를 가지고 있다. 순수와 용기만 제대로 갖추고 있다면 다른 것은 필요하지 않다. '순수'는 자기 본연의 모습으로 돌아가는 것이다. 그리고 스스로를 아는 것이다. 지식이나 겉치레 같은 장식을 걷어내고 본연의 모습을 갖추면 매사를 긍정적으로 보게 된다. 또한 자신의 길을 개척하여 납득할 수 있는 삶을 살아가기 위해서는 '용기'를 빠뜨릴 수 없다.

어떤 사람이든 살다 보면 난처한 상황에 빠지는 일이 있다. 불합리한 상황에 처해 도저히 손쓸 방법이 없는 것처럼 보일 때도 있을 것이다. 그럴 때는 기본으로 돌아가야 한다. 기본부터 착실히 다져나가다 보면 반드시 운이 돌아와서 힘든 상황에서 벗어날 수 있을 것이다.

흐름이 나쁠 때야말로
정성스럽게 일한다

| 후지타 스스무

마작에서 연이어 상대에게 쏘이는◆ 바람에 페이스가 무너져서 점점 난폭해지는 사람이 있다. 이런 사람은 마작 실력이 약하다고 할 수 있다. 그런 때일수록 자포자기하지 말고 차분하게 기본에 충실해야 한다. 마찬가지로 일도 큰 실패를 하거나 경기 악화 등의 영향으로 상태가 나빠질 것 같을 때는 기본을 확인하고 돌아가도록 한다. 흐름이 나쁠 때는 무엇을 하든 기대에 어긋나기

◆ 마작에서 상대의 대기패·화료패를 내놓아 직격당하여 점수를 지불하는 것, 대기패는 판을 나기 위해 필요한 패를 말한다.

십상이기 때문이다.

무너지는 태세를 바로잡으려면 우선 자신의 페이스를 되찾아야 한다. 그를 위해서는 실패에 초점을 맞추거나 상태를 만회하려는 의식을 전환하여 전체관을 가지도록 해야 한다. 그러면 마음도 점차 차분해진다.

사람들은 보통 실패했을 때 다급히 회복을 꾀하지만, 초조한 마음으로 행동하면 페이스만 더욱 무너지고 만다. 간혹 사원이 실수를 저질러서 고객에게 사과를 하러 갔는데 하필이면 같은 고객을 상대로 재차 실수를 저지르는 광경을 접할 때가 있다. 실수를 반복하는 것은 초조한 마음에 다급하게 행동하기 때문이다. 이러한 때일수록 정성을 다하는 기본으로 돌아가야 한다.

사쿠라이 씨가 순수와 용기가 중요하다고 말한 것처럼 흐름이 깨졌을 때나 역경을 맞이했을 때는 올곧은 순수와 용기가 있으면 상황을 극복할 수 있으리라 생각한다.

하지만 괴로울 때는 순수함을 잃고 모든 것을 의심하게 된다. '왜 내가 이런 일을 겪고 있는 걸까'라든가 '어쩌면 속고 있는 건지도 몰라'와 같은 생각에 빠져서 믿음을 잃기도 한다. 그러한 때야말로 정신을 차리고 순수하게 자신을 바라보는 것이 중요하다. 순수해지면 이것저것 생각하느라 복잡해진 것을 단순하게 파악할 수가 있다. 그에 따라서 시야가 열리고 나아가야 할 길이 보이게 된다.

당황하지 말고 정성을 다하자. 전체관을 가지자. 그리고 순수하게 자기 본연의 모습을 바라보자. 이것이 흐름이 나쁠 때 일을 하는 데 있어서 나의 기본자세이다. 특히 정성스럽게 하는 것이 무척이나 중요하다. 큰 실수를 저질렀더라도 정성스럽게 마음을 담아서 일하다 보면 마음은 자연스레 차분해진다. 평정심으로 돌아갈 수 있는 것이다. 마음이 평온해지면 순수한 마음가짐으로 전체를 넓게 볼 수 있다. 흐름이 나쁘더라도 일과 세상을 대할 때 정성을 다하면 머지않아 좋은 방향으로 바꿀 수 있다.

3장

나쁜 흐름을 끊다

유혹

슬럼프

운과 잡무

돌변

무한 긍정

노력

신념

동요

집착

잘못된 흐름에
현혹되지 않는다

| 사쿠라이 쇼이치

승부가 벌어지는 현장에는 흐름이 존재한다. 그 흐름을 잡아서 잘 타는 것이 승부에 이기는 필수조건이라는 것은 말할 필요도 없다. 그러나 언제나 어떤 흐름이든 반드시 타야 한다고는 할 수 없다. 그래서 승부가 어렵다. 흐름 중에는 잘못된 것도 분명 존재한다. 마작의 경우, 그 흐름이 타당할 때는 정수正手를 두어 흐름을 타면 된다. 하지만 흐름이 잘못되었다면 정수를 두어도 흐름을 탈 수가 없다.

자연을 예로 들자면 잘못된 흐름이라는 것은 거센 파도라고 할 수 있다. 아무리 노련한 어부라도 거친 풍랑이 부는 바다에는 맞설 수 없다. 물론 바다가 본격적으로 사나워질 것 같으면 어부는 배를 띄우지 않는다. 그러나 자연의 변화는 사람의 지혜를 초월해 있어서, 이 정도라면 괜찮겠거니 예상하고 바다에 나갔는데 느닷없이 거칠어지기도 한다. 이처럼 잘못된 흐름이라는 것은 예상치 못했던 곳에서 갑자기 발생한다.

잘못된 흐름이 발생했을 때는 그 흐름을 타지 않도록 하는 것이 중요하다. 그러나 승부의 세계에서 잘못된 흐름은 좋지 않은 유혹을 내포하고 있을 때가 많아서 그 흐름에 맞추기만 하면 큰 성과를 손에 넣고 이길 수 있을 것 같다는 착각을 하게 한다.

잘못된 흐름이 발생했을 때는 정수보다 악수惡手를 두는 편이 좋은 결과에 도달하기도 한다. 하지만 그런 국면에서 유혹에 사로잡혀 악수를 두면 다음에 올바른 흐름이 찾아왔을 때는 돌이킬 수 없게 되는 위험이 있다. 악수로 성과를 거머쥔 사람은 '내가 이겼으니까', '이만큼이나 되는 성과를 거두었으니까' 하고 악수를 잘못된 것이라고 생각하지 않는다. 명백히 나쁜 수임에도 좋은 수라고 '오해'하는 것이다.

야구에서는 타자가 친 공이 예상과 달리 불규칙하게 바운드 할 때가 있다. 그라운드 상태가 나쁘면 불규칙한 바운드가 생길 수 있지만 그럼에도 그렇게 빈번하게 일어나는 현상은 아니다. 내·외야수는 땅볼에 대비해 허리를 굽히고 낮은 자세를 취하지만 불규칙 바운드가 일어나면 갑자기 볼이 높이 뛰어오르기도 한다.

그런 높은 볼이 오는 것을 염려하여 자세를 높게 잡으면 이번에는 평범한 땅볼을 놓치고 만다. 잘못된 흐름에 잘못된 수를 쓰는 바람에 올바른 흐름을 탈 기회를 잃는 경우가 바로 이와 같다.

잘못된 흐름이 나타나도 황급히 수를 바꿀 필요는 없다. 그 흐름이 이어질 듯해도 잠시 참고 바른 자세를 관철해야 한다. 그리하면 머지않아 좋은 흐름이 반드시 찾아온다. 그것이 운을 떨어뜨리지 않는 기술이다.

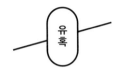

기회로 보이는
나쁜 흐름을 가려내는 법

| 후지타 스스무

경영이라고 하는 것은 단순히 머리가 좋고 착실하게 노력하는 것만으로 원활하게 진행되진 않는다. 그러한 요소를 갖추고 있어도 승부에 대한 감각이 나쁜 경영자는 회사를 꾸려가기 힘들다. 경영자가 그런 상태라면 일하는 사원도 보답받지 못한다.

승부를 향한 다양한 흐름 속에는 사람을 속이는 흐름도 있으니 주의해야 한다. 특히 주변 모두가 좋은 평판을 내리고 있어서 기회라고 생각하게 만드는 흐름은 냉정하게 한발 물러서서 판별하는 편이 좋다. 그것은 여론이나 매스컴이 만들어낸 것이기도 하고, 유명한 투자가가 한 말에서 비롯된 것이거나 해외에서 들어

온 이야기를 원류로 하는 것이기도 하다. 경영자는 이러한 흐름이 현실에서 과연 얼마나 실체를 가지고 있는지, 또는 정말로 효과가 있을지 눈여겨보며 꼼꼼하게 판별해야 한다.

예를 들어 전 라이브도어 사장인 호리에 다카후미堀江貴文가 닛폰방송의 주식을 매점하여 후지TV에 대한 인수합병을 꾀하고 있었을 때, '방송과 통신은 융합해야 한다'는 여론이 형성되면서 인터넷과 현실의 융합에 대한 의견이 활발하게 오갔던 적이 있다. 그때는 아직 스마트폰도 없던 시절이라 인터넷상에서의 비즈니스로 돈을 벌 수 있는 기회는 한정되어 있었다. 그럼에도 인터넷 기업의 주가가 장래에 대한 기대만으로 허황되게 과평가되어 폭등을 이어가고 있었다. 사실 '인터넷과 현실의 융합'이라는 주장도 인터넷 세계만으로는 새로운 가설이 좀처럼 나오지 않았기 때문에 주식이 폭등하는 현상을 억지로 뒷받침하기 위해서 떠들썩하게 퍼진 면도 있었다.

그때 실태를 유심히 보지 않고 해당 산업이 엄청난 가능성을 가지고 있다며 갑작스럽게 떠오른 탁상공론을 믿고 잘못된 흐름을 탔던 개인 투자가나 기업이 여럿 있었다. 지금은 경영이 파탄을 맞고 말았지만 호리에 씨를 계기로 발생한 흐름에 편승하여 거액의 자금을 조달하고 자스닥JASDAQ에 상장됐던 인덱스Index라는 회사가 있었다. 동종 업계의 실태를 잘 알고 있던 나는 무척 의아하게 생각했지만, '인덱스라는 회사는 굉장하대', '여기에 투자하면 틀림없어' 하는 분위기가 근거 없이 퍼져서 일본의 유명한 미디어 기업 모두가 투자했던 적이 있다.

내가 보기엔 '모두가 좋은 회사라고 말하고 있다'는 여론만이 유일한 근거인 것 같았다. 투자 시점을 놓치면 사내에서 평가가 떨어진다든가 주목받는 회사를 상대로 거래 실적을 쌓고 싶다든가 하는, 실태와는 관계가 없는 바람이나 욕망이 잘못된 흐름을 계속 부추겼던 것이다. 물론 나쁜 흐름이었으므로 그 흐름을 타는 바람에 결과적으로 여러 기업이 큰 손해를 봤다.

리먼 쇼크Lehman Shock 이후 경기 침체가 이어지고 엔고 현상이 지속되면서 일본 내수 산업에는 미래가 없으니 새로운 활로 개척을 위해 글로벌화의 흐름을 타야 한다는 풍조가 만연한 적이 있다. 인터넷 업계도 예외가 아니었다. 아마존이나 구글처럼 해외로 나가야 한다는 말을 너도나도 그대로 받아들이고는 일제히 해외 지사를 만들었다.

그러나 아직 전 세계적으로 통용되는 제품이나 서비스가 없는 회사는 해외에 지사를 만들어봐야 소용이 없다. 당시 글로벌화라는 흐름에 반론을 제기할 순 없는 분위기였지만, 나는 굉장히 엄격한 시선으로 보고 있었다. 그리고 인터넷 업계에 종사한 지 오래되었기 때문에 농담인 양 저 사람들은 반드시 돌아올 것이라고 주변에 말했었다. 그리고 실제로 거의 모두가 돌아왔다.

이처럼 잘못된 흐름이라는 것은 크건 작건 늘 발생하고 있다.

'모두가 좋은 평가를 내리고 있으니까', '매스컴이 치켜세우고 있으니까', '여기서 흐름을 타지 않으면 시대에 뒤처지니까'라는 이유로 서둘러 이유나 구실을 찾아서 다급하게 흐름을 탈 필요는 없다. 열기가 뜨겁고 유혹에 사로잡힐 것 같은 때일수록 주의하는 편이 좋다. 모두가 '기회'라고 말하는 흐름의 어딘가에는 '함정'도 있기 때문이다. 한 박자 쉬고 냉정하게 바라본 다음 자신의 머리로 차분히 생각하자. 그리고 판별하자. 그런 자세가 잘못된 흐름에서 벗어나게 해줄 것이다.

슬럼프에 빠지면
의식적으로 '거리'를 둬라

| 사쿠라이 쇼이치

사람은 모두 일상에서 집중할 수 있는 무언가를 가지고 있기 마련이다. 집중함으로써 일의 생산성이 올라가거나 운동 실력이 향상되기도 하고 요리 실력이 좋아지기도 한다.

이처럼 집중하는 것은 무척이나 중요하지만, 집중을 절대적으로 좋은 것이라고 생각해서 무엇에든 지나치게 집중하는 습관을 들이면 때론 부작용도 나타난다. 세상을 두루 관찰하면 왜 그런지 바로 알 수 있다. 학창 시절에 공부만 지나치게 열심히 해서 인간성이 그다지 성장하지 않은 채로 사회에 나와 고생하는 사람들이 적지 않다. 또는 침울하거나 분노에 사로잡힌 사람이 그 감정에 지나치게 집중하면 정상적인 생활을 하지 못한다.

집중이 부정적인 결과를 초래하는 경우를 보면 그것에 '사로잡힌' 상태일 때가 많다. 무언가에 사로잡힌 마음은 경직되고 유연성을 잃는다. 그래서 다양한 변화에 능숙하게 대응할 수 없게 된다. 예를 들어 슬럼프에 빠졌을 때 무엇보다 중요한 것은 '슬럼프 상태에 사로잡히지 않는 것'이다. 하지만 사람이란 슬럼프에 빠지면 그곳에서 조금이라도 빨리 빠져나오려고 초조해하다가 오히려 그 상태에 사로잡히고 만다. 그래서 기분을 자유자재로 전환하거나 관조적인 자세로 자신을 바라볼 수 없는 것이다.

슬럼프일 때는 그 상태에서 시선을 돌려 전혀 다른 일을 생각하거나 실행하는 것이 좋다. 어질러진 방을 꼼꼼히 청소하거나 여행을 가는 등 환경을 바꿔보는 것도 좋은 방법이다. 슬럼프는 흐름이 좋지 않은 상태이므로 의식적으로 그로부터 '거리'를 두는 것이다. 거리를 두는 전환점을 만들어서 흐름을 바꾸는 계기를 만든다. 그렇게 하면 슬럼프에 빠지기 전의 좋은 상태였을 때의 감각이 되살아날 수 있다.

의식적으로 거리를 두는 전환을 원활하게 하는 사람은 슬럼프에 빠져도 그곳에서 빨리 빠져나올 수 있다. 슬럼프는 악순환을 불러오기 마련이므로 그 기간은 되도록 짧을수록 좋다. 따라서 일상에서 의식적으로 나쁜 흐름이나 컨디션과 거리를 두는 감각을 연마하는 것이 필요하다.

나쁜 운기를
차단하는 법

| 후지타 스스무

마작 게임에서 크게 패하는 사람은 상황이 나쁜데도 계속하는 사람이다. 패배를 만회하는 것은 내일이나 일주일 후에 해도 상관없으니 일단 머리를 식히면 좋을 텐데 이런 사람은 열을 내며 조급하게도 바로 만회하고 싶어 한다.

게임이란 회수율이나 기대치에서 보면 판을 주관하는 자가 유리해지도록 구성되어 있지만, 반면 플레이어에게는 '언제든 자리에서 일어날 수 있는 권리'와 '판돈을 올리거나 내릴 수 있는 권리'가 주어져 있다. 플레이어는 이 두 가지 권리를 구사하여 이기는 수밖에 없는데 많은 사람이 그 유리한 권리를 불리하게 사용하다가 패배한다. 플레이어는 언제든 자리를 뜰 수 있으므로 흐름이 너무 좋지 않을 때는 자리에서 일어나면 된다. 또한 판돈을 올리거나 내릴 수 있으므로 흐름이 좋을 때는 많이 걸고 반대로 나쁠 때는 적게 걸면 된다.

하지만 불가사의한 존재인 인간은 흐름이 나쁠 때일수록 끈질기게 버티며 패배를 만회하기 위해 많은 돈을 걸고, 흐름이 좋을 때는 이익을 빨리 확정 짓고 싶어서 여전히 괜찮은 흐름에 있어도 일찌감치 자리를 뜨고 만다.

회사 경영에 있어서도 비슷한 상황이 자주 발생한다. 예를 들어 수익 상태가 좋지 않은 적자 사업을 어떻게든 꾸려나가려고 하다가 수렁에 빠지는 때가 있다. 사업 진행이 순조롭지 않을 때는 업무 실적이 나빠질 뿐만 아니라 평판이 떨어지고 사내의 분위기도 어두워지면서 모두가 자신감을 잃기 쉽다. 이런 때는 손실을 만회하려고 자금을 계속해서 추가로 투입한들 상황만 더 악화될 뿐이다.

흐름이 그렇다면 더 늦기 전에 철수하거나 사업을 재구축하는 등 단념하는 것이 더 현명하다. 악순환에 빠지면 제대로 되는 일이 없기 때문이다. 또는 영업사원의 경우, 계속 실적이 안 나올 때는 그 상태로 일을 계속해도 자신이 뜻하는 대로 계약을 따낼 수 없다. 자신감 없는 얼굴로 영업을 하러 가봤자 고객은 상품도, 그 상품을 권하는 사람도 신용하지 않는다. 그러한 때에는 일주일 정도 휴식을 취하면서 나쁜 흐름을 끊어내는 편이 좋다.

　취업 활동을 하는 학생 중에 면접을 계속 보러 다녔지만 불합격하여 자신감을 잃는 사람이 있다. 나쁜 상황을 어떻게든 해결해보려고 발버둥치지만 초조한 상태에서 다음 면접에 임했더니 또다시 불합격하여 더 침울해지는 악순환에 빠진다. 그런 학생은 자신감이 없다는 사실이 얼굴이나 말에 드러나므로 컨디션이 저조한 상태에서 나갔다가는 손해를 볼 뿐이다. 그래서 기분 전환이 필요하다. 야외로 나가 자연을 접하는 등 취업 활동에서 잠시 떨어져 있는 편이 좋다. 재충전해서 밝은 얼굴로 면접을 보는 것과 어둡고 불안해 보이는 얼굴로 면접을 보는 것은 면접관에게 완전히 다른 인상을 주기 때문이다.

　마이너스를 만회하려고 할 때 저지르기 쉬운 '부정적인 집중'은, 비유하자면 일부러 운의 흐름을 악화시키려 노력하는 것과 같다. 이왕 집중을 한다면 흐름이 좋을 때 해야 한다.

　한편 '긍정적인 집중'이라고 할 수 있는, 흐름이 좋을 때 하는 집중도 긴장을 늦춰서는 안 된다. 업무가 원활하게 진행될 때는 평판이 올라가고 사내의 분위기도 좋아지며 모두가 자신감이 충만하다. 그럴 때는 연이어 좋은 소식이 날아들고 일을 하면 할수록 수익 영역이 넓어진다. 흐름이 좋을 때는 크게 비약할 수 있는 기회이므로 잠시라도 집중이 흐트러져서는 안 된다.

　'집중'은 하나의 일에 얼마나 깊이 빠져들 수 있는가보다, 그 이외의 것에 얼마나 마음을 빼앗기지 않을 수 있는가를 요구한다. 정신을 분산시킬 만한 일을 엄격하게 잘라내는 능력의 차이가 곧 집중력의 차이로 나타나는 것이다. 승부처에 있을 때 폭발적인 집중력은 평소의 몇십 몇백 배나 되는 성과를 가져다준다.

잡무를 얕보면
운에서 멀어진다

| **사쿠라이 쇼이치**

예전에 나름 큰 기업에서 임원을 맡고 있는 지인이 그 정도 지위에 있어도 업무의 70퍼센트 정도가 잡무라는 말을 푸념처럼 한적이 있다. 내가 그것 또한 훌륭한 일이지 않느냐고 말했더니 상대는 놀란 얼굴을 했다.

애초에 일이라는 것은 본질적으로 수많은 잡무들이 모여 만들어진 것이다. 잡무를 정의하기에는 모호한 면이 있지만, 잡무라고 느끼는 대상은 그 사람이 메인으로 하려는 일의 부차적인 것이라고 할 수 있다. 그게 아니면 자신이 맡은 일을 가볍게 보고있는 것이다. 예를 들어 큰 프로젝트를 실행하기에 앞서 자질구

레한 준비나 인사와 관련된 일 등 마치 무대 뒤의 단조롭고 매력 없는 일이라는 이미지가 있는 것들이다.

그런 마음가짐으로 임하면 당연히 잡무는 정성을 다하는 대상이 되지 않는다. 하지만 잡무라고 해서 '잡스럽게' 대해도 되는 것은 아니다. 왜냐하면 잡무란 일의 '기초'이며 '현장' 그 자체이기 때문이다. 따라서 업무에서 잡무를 빼면 일은 성립되지 않는다. 운에서도 틀림없이 멀어질 것이다. 예를 들어 종이 한 장 복사하는 것이라도 그것을 잡무라고 여기는 사람과 그렇지 않은 사람은 결과물에서 질적인 차이가 난다. 용지에 깔끔하고 균형 있게 복사가 되었는지, 잉크의 농도가 지나치게 옅지 않고 적당한지 등 정성스럽게 챙기는 사람과 가능한 한 빨리 끝내버리려고 하는 사람 사이에는 미묘한 차이가 분명히 있다.

사무적으로 하는 수·발주 전화나 메일 업무도 그것을 잡무로 생각하고 처리하는 사람과 중요한 일이라고 생각하며 정성스럽게 임하는 사람 사이에는 결과에 큰 차이가 생긴다. 정성스럽게 제대로 하는 사람은 상대의 신뢰도가 높아져서 양호한 거래 관계를 오랫동안 이어갈 수도 있다. 수발주 내용을 틀려서 문제가 되는 일도 없을 것이다.

혼다HONDA 사의 창업자 혼다 소이치로本田宗一郎는 철저한 현장주의자로 공장을 자주 시찰했다고 한다. 그가 기름투성이 손을 한 공장 직원과 악수를 하려고 다가갔을 때, 직원이 자신의 손 때문에 죄송스러워하자 기름 냄새가 나는 손이 좋다며 개의치 않고 악수를 하여 그 직원이 감격했다는 이야기를 들은 적이 있다.

우수한 경영자는 현장이 가장 중요하다는 사실을 알고 있다. 사무실에서 머리만 쓰는 사람은 현장 업무를 잡무라고 여기기 쉽지만 그것은 명백한 오산이다. 잡무는 기초이며 현장이다. 따라서 잡무를 소홀히 대하는 것은 기본을 소홀히 하는 것과 같다.

대충하는 습관이 생기면
운이 달아난다

| 후지타 스스무

남들이 볼 때 나는 직원이 3천명 이상 되는 회사의 대표이므로 잡무는 누군가에게 맡기고 거의 하지 않는다고 생각할지도 모른다. 하지만 실제로는 잡무라고 할 수 있는 일에 매일 나름대로 시간을 할애하고 있다. 예를 들어 누군가를 만날 때는 잡담부터 업무 영역까지 다양한 이야기를 할 수 있도록 시간을 들여서 준비한다. 사원의 이름도 신입사원이 100명 들어오면 단어장처럼 앞에는 사진을 붙이고 뒤에는 이름이나 특징을 써넣어서 열심히 외웠다.

지금도 일주일에 한두 번 사내 회식이 있는데, 평소에 만나지 못하는 사원과 식사를 할 때 이름을 외우는 것뿐만 아니라 업무 태도나 사생활까지 자세히 정보를 얻고 있다. 또한 그들의 블로 그나 페이스북 계정도 자주 방문하여 마음에 들 때는 상대가 부 담을 느끼지 않는 선에서 '좋아요'를 누르거나 댓글을 쓰기도 한 다. 뭐가 됐든 댓글을 달아서 상대가 나를 친근하게 여겨주면 그 사원의 의욕이 높아져서 관계가 더욱 돈독해지지 않을까 하는 생각에서다.

그리고 사내와 사외를 불문하고 구두로 한 약속이라도 주고받 은 것은 그 자리에서 메모하여 반드시 지키도록 하고 있다. 다음 번에 식사라도 같이 하자는 이야기가 나와서 승낙하면 잊지 않 도록 그 자리에서 나에게 문자 메시지를 보낸다. 일을 부탁받았 을 때도 마찬가지이다. 어떤 작은 약속이라도 지키는 것이 얼마 나 큰 신뢰로 이어지는지 몸소 알고 있기 때문이다.

20대에는 모든 업무가 새롭기 때문에 어찌 되었든 앞뒤 재지 않고 하는 수밖에 없다. 그러다 점차 익숙해지면 요령이 생겨서 잡무를 비롯해 모든 일을 소홀히 하려는 사람이 있다. 연령으로 말하자면 30대 정도부터일까. 본인은 일을 소홀히 함으로써 시간 이 남고 수고를 덜 수 있어서 이득을 본다고 생각할지도 모르지 만, 경험상 그런 사람은 발전 가능성이 없다고 봐야 한다.

일을 소홀히 하여 업무에 지장을 가져오는 경우가 없더라도 일 에 대한 자세에 성실함과 진지함이 결여되기 시작하면 그 느낌은 어떻게든 주변에 전해지는 법이다. 반면 어떠한 때에도 일을 소홀히 하지 않고 사소한 잡무에 대해서도 세세한 부분까지 정성을 다하는 사람은 누구에게나 신뢰받는다.

잡무라도 온 힘을 다하는 사람이 있으면 그 태도를 보고 '다른 일도 시켜볼까?' 또는 '저런 세세한 부분까지 신경 쓰다니 믿음직스럽다'고 생각한다. 그것이 결과적으로 잡무에 정성을 다하는 사람에게 운이 따르는 이유가 된다. 반대로 잡무를 남에게 맡기는 사람이라면 그 태도를 보고 '이건 작은 일이니 맡기기 힘들겠군', '마무리를 대충할 것 같아'라는 생각이 든다. 그리고 그것이 결과적으로 운을 놓치게 한다. 경영자 중에도 자신의 일은 전략을 짜는 것이니 실행은 다른 사람들에게 맡긴다는 사람이 있다. 내가 보기에 그는 진정으로 중요한 게 무엇인지 모르는 듯하다.

요령이 생겨서 일을 대충하는 사람은 신입 시절의 아무것도 몰랐을 때를 떠올리고 정성스럽게 마음을 담아 다시 해보아야 한다. 일에서 운이 따라주지 않는다는 것은 정성을 들이지 않고 소홀히 하는 습관이 물든 데에 그 원인이 있다.

만용은 그 상황에서
도망치는 것이나 다름없다

| 사쿠라이 쇼이치

살다 보면 궁지에 몰려서 사방 어디를 보아도 도망칠 길이 없다고 생각될 때가 있다. 그럴 때 단념하고 '돌변'해서 강경하게 되받는 수밖에 없다고 생각하는 사람도 있다.

강경하게 나오는 사람을 보면 얼핏 용감해 보이기도 한다. 그러나 냉정하게 말하면 그건 결국 더 이상 버티기에는 무리라고 생각해 포기하는 것과 같다. 막다른 상황에서 도망치고 있는 것이다. 만약 회사를 재건 중인 경영자가 여러 채권자에게 심하게 추궁받아 너무 괴로운 나머지 강경하게 되받으면 상황은 더 악화되어 재건할 기회를 놓치기 십상이다.

강경한 것은 마치 배짱이 두둑한 것처럼 보이지만 손쓸 방법을 찾지 못해서 포기했다는 것과 다름없다. 강인하기에 단호히 버리는 것이 아니라 나약하기에 피해버리는 것이다. 그렇게 태도가 돌변하고 나서 사태가 호전되길 바라는 건 무리이다. 사실 대부분의 경우 손쓸 방법이 전혀 없지는 않다. 필사적으로 찾으면 벗어날 수 있는 작은 계기를 어딘가에서 찾을 수 있다. 그 작은 계기를 발판 삼아 끈질기게 노력하면 머지않아 돌파구가 열린다.

언제부턴가 사람들은 '각오'라는 말을 상당히 가벼운 느낌으로 사용하는 것 같다. 하지만 본래 각오란 자신의 삶이 무너질지도 모르는 인생의 갈림길에서 다지는 마음 자세이다. 궁지에 몰린 혹독한 상황에서 각오를 다지는 것은 괴로움이나 자신을 짓누르는 큰 불안감을 모두 받아들이고 정면에서 맞서겠다는 뜻이다. 할 수 있는 일을 하나씩 해나가자고 생각하며 암흑 속에서 한 걸음 한 걸음 더듬어 앞으로 나아가는 의지이다.

이처럼 돌변과 각오의 배경은 비슷하지만 결과는 정반대이다. 간혹 진심으로는 포기하지 않았으나 마음의 일부분만 포기한 듯 강경하게 나가는 것은 그렇게 나쁘지 않다. 긴장된 기분을 풀어주는 효과가 있기 때문이다. 그러다 기분 전환이 되어 다른 좋은 생각이 번뜩일 때도 있을 것이다. 태도를 바꿔서 강경하게 나갔더니 상황이 호전됐다는 사람은 대개 이러한 기분 전환으로 효과를 본 경우가 많다.

돌변하면
일도 운도 잃는다

| 후지타 스스무

박빙의 승부에서 마침내 상대를 제압하고 승리를 거둔 스포츠 선수가 시합 후 인터뷰에서 "마지막에는 강하게 나갔습니다"라고 말할 때가 있다. 강경하게 나가는 태도에는 지나치게 기를 써서 경직된 멘탈을 완화해주는 효과가 있을지도 모르겠다. 어려운 국면에서 태도를 바꿔 강경하게 나갔다는 말이 자주 사용되므로 긍정적으로 받아들이는 사람이 상당수 있으리라 생각한다.

그러나 비즈니스에서 태도를 바꿔 강경하게 나가면 그걸로 '끝'이다. 트러블 때문에 정신적으로 내몰린 사람이 돌변하는 것은 굉장히 무책임해 보인다. 회사 조직에 있는 사람은 모두 자신의 고객, 동료 또는 가족 등에 대해 책임을 지고 있으므로, 돌변하여 강경한 태도로 나가는 것은 상당히 이기적이라고 할 수 있다. 실제로 그만큼 무거운 책임감을 느끼고 있으면 돌변하기란 결코 쉽지 않다.

예전에 회사를 세울 때, 출자를 해준 당시 인텔리전스의 사장 우노 야스히데宇野康秀는 원하는 대로 해도 좋지만, 말과 페라리Ferrari만큼은 사지 말라고 조언했다. 경주마와 페라리를 사는 사람은 대개 사업에 실패한다는 의미였다. 물론 나는 우노 사장의 당부대로 말과 페라리를 사지 않았다. 그런데 우연인지, 잘나갈 때 화려한 생활을 하고 있다는 상징과 같은 것인지, 실제로 전 라이브도어 사장인 호리에 다카후미를 비롯하여 말과 페라리를 구입한 경영자 중에 이후에 진짜로 실각한 사람이 꽤 있었다. 왠지 오싹할 만큼 잘 들어맞는 말이었다.

과거에 한동안 적자가 이어져서 세간의 비난도 호되게 받으며 오로지 인내로 버티던 시기가 있었다. 가장 괴롭던 그때 어느 베테랑 선배 경영자에게 "어차피 비난받고 있으니 차라리 페라리를 타도 괜찮지 않을까요?"라고 농담처럼 말한 적이 있다. 그러자 그 선배가 갑자기 정색을 하더니 "돌변하면 끝이야"라고 엄격한 말투로 일침을 줬다. 이후 그 말이 계속해서 머릿속에 남아 있다. 마작에서도 연달아 패배했을 때 돌변하여 난폭하게 두는 것을 폭패暴牌라고 하는데, 그러면 심리적 타격뿐만 아니라 점수 차이만 더 커지고 다음 대국 이후에도 이상하게 운이 따르지 않는다.

　업무에서 강경한 태도를 보이는 것은 이기적이고 무책임한 행동이므로 당연히 주변인들에게 좋지 않은 인상을 줘서 그 이후의 일에도 나쁜 영향을 끼친다. 마작과 마찬가지로 한번 강경하게 나가면 운의 흐름이 나빠져서 그것을 원상태로 돌리려면 상당한 시간이 걸린다. 따라서 돌변하여 강경한 태도로 되받아서 잘되는 일은 없다는 것을 다시 한번 생각하자.

지나친 낙관은
성장을 방해한다

| 사쿠라이 쇼이치

얼마 전 어느 연석에서 처음 만난 사람이 "사쿠라이 씨는 기본적으로 긍정적인 사고방식을 가지고 계시겠네요?"라고 물었다. 그는 나를 잘 몰랐기 때문에 그 자리에 있던 다른 사람이 '20년간 패배한 적이 없는 승부사'라고 가르쳐준 모양이다. '승부사'란 '긍정적으로 사물을 파악한다 → 운이 따른다 → 승부에서 이긴다'는 이미지를 가진 사람이었던 듯싶다. 참으로 단순한 연상법이지만, 확실히 무엇에 대해서든 적극적으로 생각해서 행동하면 운이 찾아올 확률은 높아진다. 하지만 지나치게 적극적이어서 힘이 들어가면 운이 찾아오기는커녕 더 멀어져간다. 단순히 긍정적으로 사고하기만 하면 운이 따른다는 논리는 아닌 것이다.

애초에 나는 긍정적인 사고방식의 소유자가 아니다. 뭔가를 뚜렷한 목표로 삼아 적극적으로 생각하거나 행동하는 일이 거의 없다. 그렇다고 해서 부정적으로 사물을 파악하거나 소극적으로 행동하는 것도 아니다. 긍정적이고자 의식해서 생각하는 일도 없거니와, 무엇이든 삐딱한 태도를 취하고 부정적으로 받아들이는 습관이 있는 것도 아니며, 그때그때의 자연스러운 감정에 몸을 맡기자는 자세로 살아가고 있을 뿐이다.

적극적으로 밝게 살아가는 것은 물론 나쁘지 않다. 무엇에 대해 적극적이냐에 따라 사정이나 가치가 달라지기는 하나, 늘 소극적이고 어두운 사람보다는, 삶의 방식에 관한 한 적극적이고 밝은 쪽이 단연코 바람직하다. 하지만 긍정적인 사고가 지나치게 강하면 문제가 된다.

기분이 침울할 때 긍정적인 기분으로 전환해야 한다고 억지로 생각하면 마음이 상당히 무거워진다. 지나친 긍정적 사고는 '어두운 나'는 본래의 자신이 아니며, 진정한 자기 모습은 '밝은 나'라고 착각하게 만든다. 그렇게 되면 전자는 배제해야 하는 꺼림칙한 존재가 되어버린다. 하지만 사람의 날 감정은 이성이 원하는 대로 조절할 수 있는 것이 아니다. 억지로 조절하려고 하면 심한 내적 갈등이 발생해 마음만 소모된다.

끊임없이 지나치게 강한 긍정주의로 살아가는 것은 비유컨대

'하늘은 매일 상쾌하고 화창하게 개 있어야 한다'고 요구하는 것과 같다. 그러나 실제로 맑은 날만 이어지지는 않는다. 비가 오는 날이 있으면 구름 낀 흐린 날이나 눈이 오는 날도 있다. 맑게 개서 밝은 때가 있으면 폭풍이 거칠게 불어대는 때도 있다. 이처럼 날씨와 마찬가지로 마음도 시시각각 변화한다. 그 자연스런 변화를 있는 그대로 받아들이는 것이 마음에 부담을 주지 않는 삶의 방식이다.

긍정적인 사고를 유지하도록 강박적일 정도로 늘 신경 쓰다 보면 성숙한 사람으로 성장하기 어렵다. 괴롭거나 슬플 때 긍정적인 사고를 한다며 억지로 밝게 행동하려는 것은 꺼림칙한 현실로부터 눈을 돌리는 도피이기 때문이다.

마음의 성장은 자신의 나약하거나 그릇된 부분을 정면으로 마주할 때 이루어진다. 좋은 부분, 보탬이 되는 부분만 중요하게 여긴다고 성장하는 것이 아니다. 기분이 침울할 때는 그 기분대로 자신의 부족한 면을 가감 없이 바라봐야 한다. 그러기 위해 얼마나 노력하는지가 한 사람의 인간적 성장으로 이어진다.

무한 긍정

현실을
객관적으로 직시한다

| **후지타 스스무**

보통 회사는 긍정적인 사람이 더 많도록 만들어야 한다고 생각하지만, 긍정적인 사람에게도 약점이 있다. 바로 일의 마무리가 허술해지는 경향이 있다는 점이다. 일이라는 것은 마지막의 마지막까지 얼마나 끈기를 가지고 버티느냐에 따라 결과에 크나큰 차이가 생긴다.

우리 회사에는 서예가 다케다 소운武田双雲이 쓴 '집중, 심굴, 세부集中, 深掘, 細部'라는 큰 서화가 신규 서비스를 만드는 부서 이곳저곳에 붙어 있다. 이 말처럼 일은 '디테일한 것까지 파고들어서 얼마나 심도 깊은 결과를 만드느냐'에 따라 완성도가 달라진다고 할 수 있다. 하지만 지나치게 긍정적이면 자칫 낙관적인 태도를 취하게 되어 마지막에 정말 모든 게 괜찮은지 확인하는 과정을 소홀히 하고 만다. 더욱 끈기를 가져야 하는 순간에 이쯤이면 완벽하다고 다 같이 술이나 한잔하자며 들뜬 분위기가 조성되기도 한다.

제품 개발은 어딘가 결함이 있지는 않을지 부정적인 태도로 마지막까지 체크하는 것이 매우 중요하다. 더군다나 내가 그 말을 입에서 신물이 나도록 하고 있기 때문에 우리 회사에서는 '네거티브 체크'라는 표어가 생겼다. 이걸로 됐다고 생각이 들어도 잠깐 멈춰서 중대한 사항을 간과하지는 않았는지, 소비자가 사용하지 않는 건 아닐지 생각하며 확인해야 한다. 마지막의 마지막까지 결함이 없는지 철저하게 체크해야 비로소 완성이라고 할 수 있다.

팀을 이끄는 입장인 관리직 사원 중에도 긍정적인 행동으로 자신의 역량이 부족하다는 사실을 속이는 사람이 있다. 일이 잘 풀리지 않아도 다음에는 꼭 성공할 것이라고 생각하며 역전을 노리는 자세를 보이지만, 결국 문제는 아무것도 해결되지 않는다. 긍정적인 태도나 열의로 속인다고 한들 근본적인 문제는 시간이 아무리 지나도 해결되지 않는 것이다.

나는 문제가 발생했을 때 '무한 긍정'의 낙관적인 태도를 취하는 사람이 무척 염려스럽다. '나라면 괜찮으니까', '이쯤이면 되겠지'라는 자기 위안은 현실 도피의 이면이므로 문제의 심각성을 진지하게 마주하지 않는다고 생각하기 때문이다. 부정적으로 사고하는 것은 현실적으로 사고한다는 것과 같다. 현실과 마주하는 것은 누구에게나 괴로운 일이며 가능하면 직시하고 싶지 않은 것이다. 그래서 대부분의 사람이 현실에서 눈을 돌린 채 일하거나 인생을 살고 있는 건지도 모른다.

이미 제품의 질이 나쁜데 어떻게든 성공시켜 보이겠다고 기합을 넣는 것은 아무 의미가 없다. 현실의 모습을 제대로 보고, 부족한 부분을 채우려는 노력을 해야 한다. 물론 한없이 부정적이기만 해서도 안 되지만 지나치게 긍정적이기만 한 사람은 지금 자신의 현실을 일부러 회피하고 있는 건 아닌지 주의할 필요가 있다.

노력

과거의 영광에
취하지 마라

| 사쿠라이 쇼이치

피나는 노력을 거듭하여 명예로운 상을 거머쥐는 사람들이 있다. 예를 들어 올림픽에서 금메달을 따거나 유서 깊은 예술 관련 콩쿠르에서 최우수상을 받는 등 지금까지의 노력이 단번에 보답받는 광경은 보는 사람을 매우 감동시킨다.

하지만 메달을 따거나 상을 받은 당사자가 지나치게 감동하면 그 사람의 성장은 거기서 멈출 위험이 있다. 꿈에 그리던 최고의 목표에 도달하여, 주사위 놀이로 말하자면 결승점에 골인하고 이제 끝이라는 기분이 드는 것이다.

하지만 높은 레벨을 유지하며 더욱더 위로 올라가려고 한다면 그때까지의 노력에 집착하지 않으려는 마음가짐을 가져야 한다. 이전까지 굉장한 노력을 해왔다고 도취되어 그것을 훈장 삼아서는 안 된다는 것이다. 자신의 내면에 쌓아온 노력을 과대평가하게 되면 점차 이만큼 노력했으니 메달이나 상을 받는 게 당연하다는 자만심이 생길지도 모른다. 그러면 더 노력하기를 게을리하게 되어 이전의 레벨도 유지할 수 없게 된다. 따라서 자신이 해온 노력이 아무리 굉장하더라도 그 노력 자체에 집착해서는 안 된다.

예전에 한 탁구 올림픽 여자 국가대표선수가 마음을 다스리는 법에 대해 조언을 구하려고 작귀회 도장에 온 적이 있다. 그녀는 '연습량에 있어서는 누구에게도 지지 않아. 이만큼 연습했으니 성과가 더 나와야 해!'라는 생각을 가지고 있었다. 그러나 힘들게 연습했으니 그에 걸맞은 성과가 나와야 한다고 믿는 것은 상당히 일방적인 생각이다. 그래서 그녀에게 "그건 스토커나 다름없습니다. 자기 생각만 하지 말고 탁구로부터 좀 더 사랑받을 수 있도록 해야지요"라고 말해주었다.

노력에 지나치게 사로잡히지 않기 위해서는 주위 사람에게 감사하는 마음을 가지는 것도 중요하다. 그만큼 노력할 수 있었던 것은 혼자만의 힘이 아니라 환경이나 주위 사람들 덕분이라고 생각하자. 노력을 믿고 목표까지 도달했다고 하더라도 그 시점에서 노력은 이미 과거의 것이며, 믿을 수 있는 대상이 아니라는 사실을 깨달아야 한다. 그렇지 않고 노력에 집착하는 사람은 두드러진 성과를 올리면 자신에게 도취되어 스스로에 대한 맹목적인 신봉자가 되어버린다.

나는 마작에 있어서 내가 노력을 해왔다는 생각도, 그곳에서 끓어오르는 강한 자신감도 가져본 적이 없다. 그보다는 승부를 온몸을 바쳐서 준비해온 것에 대한 인정, 마작에서 중요한 것을 많이 배워온 것에 대한 인정 등 스스로에 대해 인정해주는 마음만 있었다.

자신이 쌓아온 노력에 발목을 잡혀서는 안 된다. 만약 거듭 쌓아온 노력으로 좋은 운의 흐름을 만들었다면 다음번에는 그때까지의 노력을 버리는 단호한 자세가 필요하다.

노력은 승률을 올리지만
성공을 보장하지는 않는다

| 후지타 스스무

일이나 경영에 있어서 성공이라는 것이 만약 노력만의 결과라면 단순히 생각해 가장 노력한 사람이 가장 크게 성공할 것이다. 그러나 안타깝게도 현실은 그렇지 않다. 노력은 성공으로 가는 한 가지 요소에 불과하다.

노력이라는 것은 어디까지나 본인의 문제이며, 얼마나 노력했는지는 자신 이외의 누구도 모른다. 주변에서는 결과로밖에 평가할 방법이 없는데, 이만큼 노력했으니 인정받고 싶다고 하는 사람은 아직 관점이 성숙하지 못한 것이다.

사업을 시작했을 무렵, 나는 한 주에 110시간을 일했다. 평일에는 아침 9시부터 새벽 2시까지 일하고 주말에도 12시간씩 일을 했다. 한마디로 자는 시간 외에는 항상 일을 하고 있었다. 그 무렵에는 해외여행을 자주 가거나 연애를 즐기는 친구들을 봐도 부럽다는 생각이 들지 않았다.

노력하는 방법으로서는 상당했지만, 그럼에도 '이만큼 노력하고 있으니 어떻게든 될 것이다'라는 생각은 조금도 하지 않았다. 한 선배는 무조건 오래 일한다고 해서 좋은 게 아니라고 타이르기도 했다. 내가 그렇게 야근하며 장시간 일했던 것은 눈앞의 성과를 원해서가 아니라 앞뒤 재지 않고 일함으로써 우리 팀을 선순환으로 이끌어, 이길 확률을 0.1퍼센트라도 올리고 싶었기 때문이다.

한번은 잡지사 인터뷰 중에 기자가 "앞으로 불안한 점은 없습니까?"라고 물은 적이 있다. 나는 "이 정도 해서도 안 되면 어쩔 수 없다고 생각할 만큼 일하고 있으니까요"라고 답했다. 확실히 불안을 느낄 시간적인 여유가 없었기 때문에 그 점은 다행이었을지도 모른다. 그러나 아무리 노력한다고 해도 성공한다는 보장은 없다. 그것이 비즈니스이며 경영이며 일이다. 성공의 보장도 없는데 모두 인생을 걸고 있다는 사실을 우선 알아야 한다.

개인적으로 친하게 지내는 가수 각트GACKT는 상당한 노력파이다. 보컬 이외에도 기타, 드럼, 키보드 등의 악기도 전부 완벽하게 연주할 수 있으며 5개 국어를 구사한다. 그리고 몸의 컨디션을 고려하여 술은 거의 입에 대지도 않고 육류도 먹지 않는다. 그만큼 노력하는 그가 한번은 "나는 정말로 금욕주의자인 것 같아. 하지만 오히려 여자나 약에 빠져 있는 녀석이 쉽게 명곡을 만들 때가 있단 말이지"라고 농담처럼 말했다. 노력이라는 것이 그 무엇도 보장하지 않는다는 사실을 그는 이해하고 있었던 것이다. 그럼에도 암흑 속에서 도약을 거듭하듯이 필사의 노력을 이어가고 있기에 혹독한 연예계에서 오랫동안 계속 활약할 수 있는 것이라고 생각한다.

설령 몸과 마음을 다 바쳐서 노력한다고 해도 일이 잘 풀린다는 보장은 없다. 그럼에도 노력은 이길 확률을 높여준다. 그러기 위해서는 내가 옳은 방향으로 노력하고 있는지 자문해야 한다. 노력의 방향이 잘못되면 아무리 해도 승률은 올라가지 않는다.

노력하는 방향을 잘 잡으려면 목표로 하는 대상의 어디를 제압하면 될지 알아채는 승부 감각을 미리 길러둬야 한다. 옳은 방향을 잡은 후에는 온 힘을 다해 필사적으로 노력해야 한다. 그러면 성공할 확률은 반드시 높아질 것이다.

노력을 해야 하는 순간에 전력투구하지 않고 어중간하게 끝내면 죽을 때까지 후회를 떨쳐내지 못한다. 이루지 못한 꿈도 채워지지 않는 욕망도 그런 후회에는 비할 바가 못된다. 인생에서 무엇보다 괴로운 건 후회를 남긴 채 일생을 마치는 것이기 때문이다.

신념이 강하면
운이 달아난다

| 사쿠라이 쇼이치

최근에 아무래도 운이 없다거나 운에 '외면' 당한 것 같은 기분에 빠진 사람이 있다면 자신이 지금 열심히 하고 있는 일이 타당한 지 그렇지 않은지 되돌아보는 것이 좋다.

　신념이라는 것은 말하자면 '고정관념'을 뜻하기도 하는데, 단순한 고정관념과는 뉘앙스가 조금 다르다. 고정관념은 그다지 생각하지 않고 몸에 배어버린 공기와 같은 가벼움을 지니고 있지만, 신념은 어떤 대상에 대해 의식적으로 생각을 확고히 하여 초점을 두고 있는 측면이 있다. 따라서 신념은 '생각이 점점 무거워진 것'이라는 느낌이 있다. 감각으로 뭔가를 파악하는 것은 가볍고 집착이 없지만 생각한다는 것은 그 자체에 무게감이 있다.

지구상에 존재하는 생물 가운데 생각하는 힘이 가장 발달한 것은 단연 인간이다. 다른 생물에 비해 뇌가 차지하는 비중이 가장 크기 때문인데, 어찌 보면 생각이란 무거울 수밖에 없다는 상징 같기도 하다. 사람이 하는 다양한 생각 중에서 가장 무거운 것이 신념이다. 신념이 강한 사람은 자신의 사상을 강하게 믿고 있어서 타인과의 관계에서 알력이 생기거나 충돌할 확률이 높아진다. 신념이 너무 강한 사람과 함께 일을 하거나 생활해보면 상당히 힘들다. 따라서 그런 사람은 주변 사람들이 점점 멀어져가는 것과 동시에 운에서도 외면받는다.

신념이라는 것은 그만큼 무거워서 추가 달린 것처럼 바닥으로 가라앉는다. 잘못된 믿음에 불과하다며 주변 사람이 그 신념을 수면 위로 끌어올려서 증명해 보이는 것 또한 수고스럽다. 그렇다면 신념이 강한 사람은 어째서 그런 것일까. 그들은 일반적으로 마음속에 불안을 끌어안고 있다. 따라서 그 불안을 어떻게든 해소하기 위해서 신념이라는 형태로 거짓 안심을 얻고 있는지 모른다.

말하자면 불안을 해소하기 위해서 만든 자기 나름의 해답이 신념이라는 형태가 된 것이다. 자신은 타당하며 절대로 틀리지 않는다고 말하는 사람도 있다. 이러한 사람의 신념을 바로잡기는 상당히 힘들다. 신념을 바로잡기 위해서 다른 생각을 들이대도

별 효과는 없다. 이때는 어디까지나 그 사람이 타당하다고 믿고 있는 것과는 다른, 구체적인 예를 들어 보이는 것밖에 해결 방법이 없다. 신념은 모든 일에 대해서 나쁜 쪽이나 그릇된 쪽으로 생각이 사로잡혀 있는 것에만 국한되지 않는다. 나는 이것을 '선행 증후군'이라고 부르는데, 선행에 사로잡힌 사람 또한 강한 신념으로 인해 그렇게 되는 것이다.

일전에 봉사활동으로 청소를 열심히 하는 사람으로부터 이런 푸념을 들은 적이 있다. "악한 사람끼리는 나쁜 계략으로 일치단결해서 일이 빨리 진행되는데, 선한 사람끼리는 가령 함께 하려는 봉사 활동에 대해 의견이 너무 많이 나와서 좀처럼 단합되지 않는 경우가 많아요." 이처럼 '선행'이라는 것은 신념의 방향이나 정도에 따라서 그것을 공유하지 않는 사람을 공격하고 배제하는 도구가 되기도 한다.

나는 '생각하다'보다 '문득 떠올린다' 정도의 느낌이 좋다. 그것은 순간적이므로 무거워지지 않는다. 가볍게 떠다니다가 훌쩍 사라진다. 신념에 사로잡힌 무거운 생각보다는 문득 생각하는 쪽이 사람다운 '좋은 향기'가 난다. 무거운 생각은 사람이 가진 본래의 장점까지도 가려버리는 법이다.

두 번 이어지는
성공 패턴은 없다

| 후지타 스스무

나는 한번 성공한 것에 관해서는 없었던 일로 하고 새로운 기분을 가지려고 한다. 성공을 맛본 기억에 집착해서 '이 패턴으로만 가면 또 이길 수 있어!' 하고 굳게 믿고 있으면 그다음엔 좀처럼 이길 수 없기 때문이다. 특히 지금처럼 변화가 격렬한 시대에는 더욱 그렇다.

성공이라는 것은 타이밍이 멋지게 맞아떨어졌거나 자신의 연륜이나 경력이 작용하여 크게 효과를 나타냈거나 혹은 상당히 유리한 포지션에 있었거나 하는 다양하고 우연한 조건들이 겹쳐서 실현된다. 이러한 조건은 시간의 흐름과 더불어 점점 변화해간다. 그러면 당연한 일이지만 똑같은 성공 패턴이 또다시 잘 먹힐 확률은 상당히 낮아진다.

예를 들어 이제 막 데뷔한 축구 선수가 경기에서 활약한다면 상대 팀이 금방 대책을 세울 것이다. 그러면 눈 깜짝할 사이에 같은 방식이 더 이상 통하지 않게 된다. 처음에만 그 신인 선수가 어떤 공격적인 움직임을 취하는지 경기 스타일에 어떤 특징이 있는지 읽을 수 없기 때문에 상대적으로 활약하기 쉬운 법이다.

비즈니스에서 성공의 체험도 마찬가지이다. 성공한다는 것은 모두에게 알려진다는 것이므로 그 방법으로 돈을 벌 수 있다 싶으면 순식간에 연구되고 모방되어 같은 전략은 두 번 다시 통하지 않게 된다. 그럼에도 과거의 성공한 기억에 매달리는 사람이 많은 것은 불안감이 크기 때문이다. 불안감이 크기 때문에 새로운 패턴으로 도전하는 것 자체를 생각하지 않거나 설령 생각하는 바가 있더라도 두려워서 실행을 하지 못하는 것이다.

새로운 사업을 시작한 경영자가 옛날에 성공했던 서비스 사업과 느낌이나 과정이 완전히 같아 보인다며 기시감이 드는 듯 말할 때는 대개 실패로 끝난다. 예전에 신인을 홍보하던 어느 기획사 직원이 "옛날 그 ○○라는 연예인이 잘나가게 된 패턴과 상당히 비슷해요"라고 말한 걸 들은 적 있다. 이런 경우는 대부분 일이 잘 풀리지 않는다. 지금은 당시와는 상황이 다르기 때문이다.

유명 프로듀서 아키모토 야스시^{秋元 康}는 AKB48(2005년에 결성

된 여성 아이돌 그룹)도, 한때 절대적인 인기를 자랑하던 오냥코클럽(1985년에 데뷔한 여성 아이돌 그룹)도 히트시켰지만, 그 둘의 성공 패턴은 전혀 달랐다. '히트'라는 것은 복잡한 요소가 우연이라고도 할 수 있는 미묘한 균형에 의해 조합되어 만들어진다. 따라서 같은 패턴으로 같은 결과를 재현하는 일은 있을 수 없다.

나도 마작에서 이기는 패턴에 사로잡혀 몇 번 패한 적이 있다. 계속 울어서♦ 적극적으로 공격하여 이겼으니 이번에도 그 수로 가자고 생각해 같은 방법을 사용했지만 결과는 패배였다. 먼젓번에 이겼을 때는 대전 상대들이 지향하는 전술 상태에 잘 들어맞았던 것뿐이다. 상대가 바뀌면 상황은 달라진다. 과거에 잘 풀린 성공 패턴에 사로잡혀서는 안 된다. 처한 자리마다 새롭게 상황을 판단해야 하기 때문이다.

과거의 성공 패턴으로 일이 잘 풀릴 것이라고 굳게 믿고 있는 동안에도 세상은 변화와 진화를 거듭하고 있다. 자기만의 신념이 너무 강하면 머지않아 주위에서 시대에 뒤떨어진다고 생각하여 사람이 떠나가고 결국은 운에서도 멀어질 것이다.

♦ 마작에서는 다른 사람이 버리는 패를 가져와서 몸통으로 고정시키는 행위를 '운다'라고 말한다.

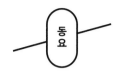

마음이 좋은 방향으로
흔들리도록 의식하라

| 사쿠라이 쇼이치

나는 요즘 사인을 부탁받으면 종종 '흔들리지 않는 마음'이라고 써준다. 그것은 예전에 비해 마음이 흔들리는 사람이 늘었다는 생각을 가지고 있기 때문일지도 모른다. 엄밀히 말하자면 인생을 살아가는 사람의 마음 중에서 흔들리지 않는 마음은 없다. 전혀 움직이지도 변하지도 않는 마음이 있다면, 그것은 조금 이상한 상태일 것이다. 아마도 전혀 흔들리지 않는 마음을 가지고 있는 것은 죽은 사람뿐이리라.

사람의 마음은 끊임없이 움직인다. 문제는 그 움직임이 좋은 쪽으로 흔들리는가 아니면 나쁜 쪽으로 흔들리는가이다. 결국 어떤 식으로 흔들리고 어떻게 움직이고 변화하는지가 중요하며, 좋은 방향으로 흔들리고 좋은 움직임을 보이고 좋은 변화를 일으키면 그것이야말로 흔들리지 않는 마음이라고 부를 수 있을 것이다. 예를 들어 감정에 흔들림 없이 온화한 기분일 때가 마음이 흔들리지 않는 상태이다. 마음이 격렬하게 흔들리는 사람은 무언가에 강하게 사로잡혀 있거나 불규칙한 리듬으로 동요한다. 나쁜 쪽으로 흔들리는 것이다.

흔들리지 않는 마음의 이미지란, 나뭇가지나 잎이 바람에 흔들리지만 굵은 줄기는 미동조차 하지 않는 거목과 같은 것이다. 사람에 대해 '불안정하다'고 말하기도 하는데, 불안정한 이유는 '좋은 동요'에서 벗어났기 때문이다. 좋은 동요에서 자주 벗어나는 사람은 중심을 잡아주는 굳건한 심지가 없다.

무서운 것은 명백하게 불안정해 보이는 사람이 본인이 불안정하다는 것은 전혀 인정하지 않고 오히려 타인을 불안정하다며 비판하듯 보고 있다는 사실이다. 그만큼 지금의 사회는 무언가에 강하게 사로잡혀서 마음이 지나치게 흔들리는 사람이 이상할 만큼 늘고 있다는 뜻이리라. 내가 보는 바로는 80퍼센트쯤 되는 사람들이 불안정한 상태로 나쁜 쪽으로 마음이 흔들리는 것 같다.

하지만 이렇게 말하는 나도 '이쯤이면 괜찮다'고는 조금도 생각하지 않는다. 오히려 '나도 자칫하면 위험하다'고 여길 만큼 발밑으로 정체를 알 수 없는 뭔가가 물밀 듯 다가오는 것을 느낀다.

그만큼 우리는 과도한 자극과 어지러운 변화가 넘쳐나는 사회에서 살아가고 있다. 특수한 환경으로 인해 마음이 지나치게 흔들린다면 그것은 개인의 노력만으로 바로잡기 어려울 수도 있다. 그러나 사고방식이나 행동 양식을 의식적으로 바꿔나가면 좋은 동요에 가까워질 수는 있다. 이처럼 아무것도 없는 곳에서 좋은 동요를 목표로 하기보다 '나쁜 동요'가 일어나는 원인을 이해하고 그것을 제거해나가면 마음은 자연스레 좋은 방향으로 움직일 것이다.

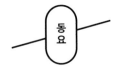

동요

고독과 비판은
마음을 강하게 만든다

| 후지타 스스무

현대사회는 사람의 마음이 흔들리기 쉬운 환경이라고 생각한다. 텔레비전에 나와서 이야기하는 사람, 신문이나 책에 글을 쓰는 사람, 인터넷에 글을 올리는 사람 등 여러 부류의 사람이 다양한 입장에서 자신의 생각을 표현한다. 많건 적건 그 속에는 모두 자신이 유리해지도록 유도하는 면이 있다. 그런 가운데 흔들림 없이 스스로를 유지하는 것은 요즘 같은 시대에 참 어려운 일이다.

프로 장기기사인 하부 요시하루는 "낙관도 하지 않고, 하물며 비판도 하지 않고, 다만 오로지 평정심으로"라고 말했다. 그처럼 흔들리지 않는 것은 얼마나 평정심을 유지할 수 있느냐에 달렸다고 생각한다.

　승부에서도 일에서도 과도하게 낙관하면 발목을 잡힌다. 또 나쁜 시기에 비관만 하면 갈수록 흐름이 악화된다. 반면 매일 담담하게 해야 할 일을 하는 사람은 마음이 동요하는 일이 적다. 예전에 '재팬 벤처 어워즈^JAPAN Venture Awards'라는 우수 벤처기업의 경영자에게 주는 상의 홍보 문구에 '심장이 가장 뜨거운 경영자는 누구인가!'라는 말이 있었다. 하지만 나는 경영자에게 가장 필요한 것은 '뜨거운 심장'이 아니라, '강인한 심장'이라고 생각한다. 열정이 아무리 강해도 그것만으로는 단순한 자기만족에 불과하며, 비판이나 고독에도 견딜 수 있는 강인한 마음이야말로 중요하다. 비판이나 고독에 약한 사람은 다수파多數派에 휩쓸리기 쉽지만 강인한 마음을 가진 사람은 대다수와 가치관이 달라도 쉽게 현혹되지 않는다.

　고맙게도 나는 주변으로부터 '심지가 굳은 사람'이라는 말을 들을 때가 많다. 지금에 와서는 나의 강점은 강인한 마음이라고 자부하지만 원래부터 고독이나 비판에 강했던 것은 아니다. 오히려 그 고독의 국면을 몇 번이나 경험하고 헤아릴 수 없을 만큼 아픈 비판의 시간을 견뎌왔기에 심지를 지킬 수 있었다. 작은 일로 흔들리지 않는 강인한 마음은 일을 하는 데 있어서 강력한 무기가 된다. 쉽게 흔들리지 않는 마음에는 확고한 '심지'가 있기 때문이다.

심지가 없는 사람은 타인에 비해 나는 이렇다는 등 타사와 비교해서 우리 회사는 어떻다는 등 남과 자신을 비교하는 경향이 있다. 또한 심지가 쉽게 흔들리는 사람은 동년배인 사람이 회사를 세워서 화제가 됐다든가 스톡옵션으로 거금을 손에 넣었다는 소문을 듣는 것만으로도 마음이 흔들린다. 그러고는 근거도 없이 뭐든 해야겠다고 생각만 앞서는 것이다.

흔들리지 않는 마음을 가지기 위해서는 타인과 비교할 것이 아니라 자기 내면의 의지 그리고 자존감과 마주해야 한다. 그 과정을 몇 번이고 반복해야 비난받아도 좌절하지 않는 강인한 마음을 가질 수 있다.

부정적인 연상은
의식적으로 차단한다

| **사쿠라이 쇼이치**

여름철 찌는 듯이 무더울 때 여러분은 어떤 생각을 하는가. 덥다고 생각하는 것뿐만 아니라, 이렇게 더운데 어떻게 일을 하냐고 생각하거나 얼른 가을이 왔으면 좋겠다고 생각하지 않는가.

하지만 그렇게 생각하면 할수록 더위는 더욱 심하게 느껴지는 법이다. 불필요한 감정이나 사고를 더함으로써 필요 이상으로 마음이 사로잡혀서 더위를 더욱더 괴롭다고 느끼는 것이다. 사람의 의식은 이처럼 뭔가 '마이너스 부하'가 걸렸을 때, 절반은 무의식 중에 나쁜 쪽으로 상상하는 성질을 가지고 있다. 의식이 이런 성질을 가지고 있다는 것을 충분히 이해해두는 편이 좋다. 부정적인 상상은 좋은 흐름을 막기 때문이다.

그렇다면 덥다는 사실에 무모하게 사로잡히지 않기 위해서는 어떻게 하면 좋을까. 답은 간단하다. 덥다는 사실만 받아들이면 된다. '오늘은 더운 날, 기온은 32도' 정도로 끝내면 되는 것이다. 일단 더워서 아무것도 할 수가 없다고 생각하기 시작하면 '덥다'는 사실에서 점점 부정적인 방향으로 발상이 뻗어나간다. 그런 '부정의 스위치'가 켜지기 전에 연상을 멈추려면 덥다는 사실을 단순히, 꾸밈없이 받아들이기만 하면 된다. 사실을 있는 그대로 받아들이고 다음 순간에 다른 생각을 재빨리 하는 것이다.

나는 컴퓨터나 스마트폰 같은 기기도 없고, 문자 메시지를 보내본 적도 없다. 그런데 젊은 친구들로부터 문자 메시지 때문에 인간관계가 서먹해졌다는 말을 자주 듣는다. 메시지를 보냈는데 답이 오지 않았다는 것만으로 관계가 소원해지는 경우도 많다고 한다. 하지만 보낸 메시지에 답장이 오지 않는다고 해서 상대가 반드시 악감정을 가지고 있는 것은 아니다. 답이 없으면 '내가 뭔가 곤란한 말이라도 썼나?', '날 우습게 보는 게 틀림없어' 등 나쁜 방향으로 연상하는 모양인데, 우연히 상대가 그 순간 바빠서 보낼 수 없었다든지 메시지를 통한 커뮤니케이션 방식 자체를 중요시하지 않을 가능성도 충분히 있다.

업무에 관한 이야기를 주고받는데 답이 없다면 난감하지만, 사생활에서라면 답이 오지 않는다는 것에 대해 '답장이 없다'는 사실만을 받아들이고 거기서 여러 가지를 상상하는 건 멈추는 것이 좋겠다. 일단 연상하기 시작하면 답장이 오지 않는다는 사실에 마음이 사로잡혀서 멈출 수 없게 된다. 마음이 사로잡히기 전에 스톱 버튼을 눌러라. 그리고 소모적인 연상과 상상을 멈춰라. 일에서도 삶에서도 부정적인 연상에 쉽게 사로잡히는 사람은 이처럼 '멈추는 습관'을 익히는 것이 좋다.

집착하면
운이 나빠진다

| 후지타 스스무

마작을 할 때 예상치 못한 일로 흐름이 깨지는 경우가 있다. 같은 작탁에 앉아 있는 사람의 행동이나 사소한 버릇이 신경 쓰이기 시작해서 냉정하게 판단할 수 없게 되는 것이다. 마음을 가라앉히려는 듯 혼잣말을 끊임없이 중얼거리거나 패를 둘 때 몸을 요란하게 흔드는 사람이 있으면, 신경이 쓰여 좀처럼 그 생각에서 빠져나올 수가 없다.

일을 할 때도 이와 같이 마음이 부정적인 것에 사로잡혀서 평정심을 잃거나 눈앞의 일에 생각대로 집중할 수 없는 경우가 있는데, 그 계기는 참으로 사소한 것일 때가 많다. 다른 비즈니스맨의 고민을 듣다 보면 옆자리에 앉은 동료가 싫어서 일에 집중할수 없다는 사람이 있다. 의외로 많은 직장인이 이런 종류의 사소한 고민을 가지고 있다. 이때는 지나치게 신경을 쓰면 업무운이 떨어지므로 다른 쪽으로 고민을 전환하는 등 스스로 궁리하는 수밖에 없다.

스포츠는 정신이 산만해지면 그 영향이 고스란히 드러난다. 얼마 전 함께 골프를 치던 사람이 뒤쪽 팀의 공이 몇 번인가 날아오자 화가 난 나머지 자기 경기의 흐름을 깨뜨린 적이 있다. 극도의 집중력이 요구되는 스포츠의 경우, 일단 뭔가를 신경 쓰기 시작하면 마음을 거기에 빼앗겨서 심각한 영향을 받고 만다.

다니던 회사를 그만두고 전직하거나 독립한 후에도 이전 직장의 동향을 참을 수 없을 만큼 궁금해 하는 사람이 있다. 예전 회사에 대한 정보를 모으거나 악담을 하거나 전 직장의 사람을 스카우트하기도 한다. 기껏 새로운 환경으로 옮겨가고서도 그런 식으로 부정적인 일에 사로잡혀 있는 동안에는 운기가 올라갈 수 없다.

인터넷 세계에도 마음을 현혹하는 것이 많다. 물론 현시대를 살아가는 이상 그 모든 것을 차단할 수는 없다. 나 또한 인터넷에서 회사에 대한 악담을 많이 들어왔지만 최근에는 '악플 불감증'에 걸린 양 신경 쓰지 않는다. 예전에는 화가 나기도 했으나 현재는 마음이 단련되어 강해진 것 같다.

자기 마음이 뭔가에 사로잡히거나 집착하는데도 내버려두는 것은 스스로 운을 떨어뜨리는 것과 같다. 그렇다고 해서 부정의 스위치를 끄고 그곳에서 멀어지는 것도 쉽지 않다. 해결책으로는 마음을 단련하는 것밖에 없지만, 아무리 노력해도 신경이 쓰이는 사람은 시간을 잊을 만큼 다른 뭔가에 몰두하길 권한다. 나는 그것이 부정적인 것에 사로잡힌 마음을 다잡는 가장 효과적인 방법이라고 생각한다.

4장

좋은 운을 지속하다

끝을 시작으로 삼으면
운이 지속된다

| 사쿠라이 쇼이치

모든 세상사에는 '시작'과 '끝'이 있다. 생활, 일, 인간관계 등 무엇이든 그렇다. 하물며 사람의 생명에도 탄생이라는 시작과 죽음이라는 끝이 있다.

지나온 세월을 돌아보면 나에게는 다양한 시작과 끝이 있었다. 큰 단락을 짓는 시점에서는 반드시 하나가 시작되고 하나가 끝났다. 어떤 일을 시작할 때는 긴장감이나 불안함도 동반되지만, 그와 동시에 때묻지 않은 신선함으로 충만해 있다. 마작 승부사로서의 길을 걷기 시작했을 때나 작귀회를 설립했을 때처럼 새로운 일을 시작할 때면 두근거리는 즐거움이 있었다. 반대로 무언가 끝날 때는 늘 서운한 법이다. 대리 마작사에서 은퇴했을 때, 도장생들과 함께 생활하고 놀던 해변에서의 한여름이 끝났을 때, 열심히 준비해서 열었던 큰 이벤트를 마무리했을 때처럼 모든 일의 끝에서는 항상 외로움에 사로잡힌다.

그러나 끝은 새로운 시작을 뜻한다. 나는 항상 모든 끝을 시작이라고 생각하며 산다. 어떤 즐거운 일이나 좋은 일이 끝날 때면 기분을 이어가고 싶기도 하지만 하나의 일이 끝나면 '제로'가 됐다고 여긴다. 이것은 끝나면 그때까지의 좋았던 일(플러스)도 안 좋았던 일(마이너스)도 모두 원점으로 돌아간다는 개념이다.

모든 끝을 다 시작이라고 생각하면 늘 새로운 기분으로 있을 수 있다. 끝에 지나치게 사로잡히면 그때까지 좋은 흐름으로 이루어왔던 것도 나쁜 방향으로 틀어진다. 하지만 끝이라는 것 중에는 극심한 낙담이나 슬픔을 동반하는 것도 있다. 회사를 그만둔다든지 친한 사람을 잃었다든지 괴로운 감정을 떨쳐낼 수 없는 끝도 수없이 존재한다. 하지만 어떤 괴로운 끝이라도 시작이라는 희망의 싹이 어딘가에서 얼굴을 내밀고 있기 마련이다. 그것을 발견하기가 때로는 굉장히 힘들지도 모르지만 반드시 그 안에 있다고 믿는 것이 중요하다. 그렇게 시작을 찾을 수 있게 되면 마음은 구원받을 것이며 흐름 또한 좋은 방향으로 바꿔갈 수 있다.

만족하면
거기서 끝이다

| 후지타 스스무

비즈니스를 하다 보면 반드시 끝이 찾아온다. 쭉 맡아온 업무가 목표치를 달성했거나 프로젝트가 끝나서 팀이 해산되었을 때와 같이 뭔가 큰일이 일단락될 때는 왠지 모를 서운함이나 상실감을 느끼기도 한다. 이제껏 열심히 해왔고 열정을 가지고 해온 일일수록 이런 감정은 강하다.

회사에서도 그런 상태를 보이는 사원을 종종 발견하곤 한다. 하지만 여운을 붙잡고 있으면 다음 일에 시동을 걸기가 힘들어진다. 그리고 그 때문에, 해야 할 일이 뒷전으로 밀리기도 한다. 시간을 들여 쌓아온 것은 여러 사람과 연관을 맺게 되므로 그들

안에서는 무척이나 큰 존재가 된다. 한편 새로운 시작은 아직 작아보여서 뭔가 부족하게 느껴질지도 모른다. '지금까지 그렇게 큰일을 해왔는데, 이런 작은 일에 진심을 다할 수 있을까' 하는 것이다.

하지만 다음 일의 시작으로 유연하게 전환하지 못하면 흐름이 정체되고 그러면 운기는 당연히 떨어진다. 대기업에서 일하는 중년의 베테랑 직원이 젊은 직원에게 "예전에 말야, 내가 어마어마한 큰일을 해냈다고!"라며 자랑스럽게 화려했던 과거를 거듭 말하는 광경을 여러 번 보았다. 그러나 미래로 시선이 향해 있는 젊은 직원의 입장에서 보면 반복되는 지겨운 이야기는 그만 듣고 싶을 것이다.

지인 중에 게임을 만들어 소위 '대박'을 낸 사람이 있었다. 그는 사람들을 만날 때마다 크게 성공했던 그 게임 이야기를 했다. 하지만 그것은 벌써 꽤 먼 과거의 일이 되었고 그는 이후로 그다지 히트작을 내지 못했다. 그는 그것밖에 의지할 데가 없었을지 모른다. 하지만 이야기를 들을 때마다 '이 사람은 굉장히 정체되어 있구나. 괜찮으려나?' 하는 생각이 들곤 했다. 인터넷 업계에서는 새로운 비즈니스가 연달아 등장한다. 그래서 나는 우리 회사 직원들에게 신입으로 돌아가는 마음가짐으로 일하지 않으면 이 세계에서 앞서나가지 못한다는 말을 자주 한다.

베테랑 직원은 실적과 경험치를 높여가는 한편 그것들에 기대고 싶어지기 마련이므로, 완전히 새로운 것에 처음부터 몰두하기가 어려워진다. 왜냐하면 새로운 일의 처음은 늘 작은 '싹'에 불과하며 일 자체도 소소하게 보이기 때문이다. 하지만 그렇다고 새로운 기분으로 임하지 못하면 처음부터 전력으로 시작하는 신입에게 뒤처질 수도 있다.

사업을 시작하는 사람은 처음에는 즐거워 보인다. 예전 직장에서의 굴레나 짊어지고 있던 책임에서 해방되었기 때문이다. 일단 무거운 짐을 내려놓았으니 가뿐하게 신선한 기분으로 시작하는 것이다. 따라서 무엇이든 지금부터 시작이라고 받아들이면 기분도 나아지고 좋은 흐름이 형성될 것이다.

우리 회사가 상장했을 때 나는 축하 파티를 열지 않았다. 큰 프로젝트를 성공시킨 후에도 뒤풀이 같은 것을 한 적이 없다. 개인적으로 그런 일단락을 기념하는 파티나 연회는 그다지 좋아하지 않는다. '여기서 만족하면 끝'이라는 생각이 있기 때문이다. 어떤 일에 승리하거나 성공한 순간, 그때까지 목표로 했던 것은 거기서 이미 잃었다고 할 수 있다. 이겼으니 목표한 바를 얻을 수 있는 것이 아니다. 이기기까지의 과정이 훌륭했던 것이다.

겐토샤 출판사의 겐조 도오루見城 徹 사장이 즐겨 하는 말이 있다. 바로 "승자에게는 아무것도 주지 마라"이다. 나는 이 말을 이기기까지의 과정은 참으로 훌륭하지만, 이겼으니 거기서 만족하는 것이 아니라 또다시 새로운 목표를 향한다는 각오를 다지라는 뜻으로 이해하고 있다.

일단 '추억 이야기는 여기까지만'이라고 기억해두는 것만으로도 일이나 인생에 대한 자세가 굉장히 달라질 것이라고 생각한다. 영광 어린 추억담을 이야기하고 싶은 마음도 이해는 한다. 하지만 역시 그것은 흐름의 정체로 이어질 염려가 있으므로 되도록 자제하는 게 좋다. 그 편이 주위 사람에게도 매력적으로 보일 테고 비즈니스의 운도 틀림없이 상승할 것이다.

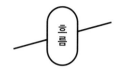

흐름

작은 흐름에서
변화의 조짐을 파악할 수 있는가

| **사쿠라이 쇼이치**

마작에서는 흐름을 읽는 것이 운을 변화시키고 승부를 좌우한다. 마작은 '동 → 남 → 서 → 북' 방향으로 순서가 돌아가며 그에 따라 작탁에는 둥글게 순환하는 흐름이 생긴다. 다만 그 흐름은 하나가 아니다. 수많은 작은 흐름이 복잡하게 얽혀서 큰 흐름을 만든다. 작은 흐름의 성격이나 세기에 따라 큰 흐름에 기복이 나타나 열세가 되기도 하고 우세해지기도 한다. 한마디로 흐름을 읽는다고 해도 큰 흐름만 파악해서는 안 된다는 것이다.

강을 보면 흐름이 무엇인지 잘 알 수 있다. 예를 들어 흐름이 직접적으로 몸에 전해져오는 뗏목을 타고 강을 내려가다 보면,

강의 흐름이 하나로 이루어져 있지 않다는 걸 알 수 있다. 유속이 갑자기 빨라지는 곳, 움직임이 멈춘 듯 고요한 곳, 거대한 바위를 따라 흐름이 복잡하게 서로 부딪치는 곳 등 다양한 흐름이 존재한다. 여러 개의 흐름이 만나서 하나의 강을 이루듯 무수한 작은 흐름이 함께 모여 전체의 큰 흐름이 형성된다는 사실을 알아야 한다.

마찬가지로 승부에 있어서도 판도가 어떤 방식으로 흐르고 있는지, 강한지 약한지, 빠른지 느린지, 변화가 격렬한지 완만한지, 큰 흐름 속에 어떤 작은 흐름이 존재하는지, 새로운 흐름의 징조가 보이는지, 그 흐름의 특징이나 성질은 어떤지 일일이 세세하게 감지해야 한다. 큰 흐름을 감지하려면 작은 흐름도 이해해야 한다는 뜻이다. 그 순간에는 작은 흐름일지라도 다른 작은 흐름과 만나서 이윽고 전체를 바꿔버릴 정도로 커질 수도 있다. 작은 흐름을 민감하게 파악할 수 있어야 다음에 나타날 변화도 예측할 수 있다.

흐름을 잘 읽는 사람은 큰 흐름을 정확하게 파악하는 것과 동시에 그 안에 움터 있는 작은 흐름도 파악한다. 미처 알아차릴 수 없을 만큼 사소한 요소에서 변화의 조짐을 읽는 것이다. 크게 파악하면서 동시에 작은 것을 깨닫기. 이것이 판을 읽고 승부의 흐름을 감지하는 데 있어서 핵심이다.

흐름은 크기뿐만 아니라, 더 나아가 성질이나 세기도 판별해야

한다. 예를 들어 마작에는 만관滿貫, 하네만跳滿과 같이 큰 점수를 얻을 수 있는 역이 계속해서 나오는 '아레바荒れ場'와 아무리 열심히 해도 낮은 점수만 얻을 수 있는 역이 나오는 '코바小場'가 있다. 코바일 때는 큰 수로 판을 이기는 것은 무리이다. 이때에는 코바의 흐름을 확실히 파악하여 상응하는 방법으로 판을 나면 된다. 욕심을 부려서 큰 수를 만들려고 하면 오히려 발목이 잡혀 운을 잃는다. 반대로 아레바일 때는 작은 수로 물러나서 얼른 이기려고 해선 안 된다. 이때는 힘껏 버티면서 몸통의 패를 버리다 보면 머지않아 큰 수로 바꿔나갈 수 있다. 버티지 않고 눈앞의 작은 수로 이기려고 하면 패배할 확률이 높다.

흐름을 읽을 수 있다는 것은 흐름을 잘 타는 것뿐만 아니라, 좋은 흐름을 스스로 만들어낸다는 의미도 있다. 반대로 흐름을 읽지 못하면 뒤처져서 좋은 흐름을 스스로 끊어내게 된다. 물론 나쁜 흐름이라면 타지 않고 무시하거나 자신이 먼저 움직여서 좋은 방향으로 바꾸어가는 것도 필요하다. 흐름을 정확하게 읽고 재빨리 그에 맞춰 대응해가는 것. 그것이 얼마만큼 가능한지가 승부의 운을 결정한다고 해도 과언이 아니다.

운을 좌우하는
흐름을 파악하는 법

| 후지타 스스무

지난 2005년, 그해의 마지막 날에 내 블로그에 이렇게 썼다.

언젠가부터 운의 좋고 나쁨은 생각하지 않게 됐다. 대신 흐름의
좋고 나쁨을 주체적으로 판별하게 되었다. 사회적으로 책임이 있
는 입장으로서 나의 인생을 오직 운에 맡길 수는 없다.

위의 글은 눈에 보이지 않고 논리적으로 설명하기 힘든 운에
대해서 주체성을 가지고 살아가자는 의지를 되새긴 것이다. 이
운을 좌우하는 핵심은 최종적으로 흐름을 어떻게 파악하느냐에

있다.

회사를 경영해온 23년이라는 시간 동안, 닷컴버블이 일어나고 웹 2.0$^{Web 2.0}$이 탄생하기도 했으며, 스마트폰이 피처폰을 대신하는 등 다양하고도 큰 흐름들이 있었다. 그리고 그 흐름을 잘 파악해온 것이 회사를 성장시키는 중요한 단서가 되었다. 물론 인터넷 업계만이 아닌 외부적으로 정부가 만들어내는 큰 흐름도 파악해두어야 한다. 쇠퇴하는 지방을 여러모로 궁리하여 살려나가겠다는 흐름, 기업이 여성을 등용하도록 적극적으로 추진해나가려는 흐름, 미국의 금융 완화정책이 긴축으로 전환되는 흐름 등은 경영을 하는 데 있어 무시할 수 없다.

흐름을 읽는 것에 있어서는 경영자 가운데 소프트뱅크^{SoftBank}의 손정의^{孫正義} 회장이 출중하다고 생각한다. 그는 절묘한 타이밍에 흐름에 맞춰서 모두가 놀랄 만한 큰 프로젝트를 벌이거나 대중매체에 모습을 자주 드러내서 적극적으로 소통하기도 한다. 그리고 반대로 흐름이 좋지 않을 때는 밖으로 전혀 나서지 않고 조용히 내부에서 계획한다. 최근에는 지난 2011년의 동일본 대지진 때 발생한 후쿠시마 원자력발전소 사고 직후에 태양광발전 시설을 건설하여 신재생에너지를 보급하는 대형 프로젝트를 재빨리 진행시켜 큰 화제를 불렀다.

이처럼 흐름을 잘 읽는 경영자는 아직 정확하지 않은 흐름을 남보다 앞서 예측하고 재빨리 움직이는 사람들이다. 하지만 아무리 손정의 회장이라 할지라도 생기지도 않은 흐름을 예측할 수는 없지 않을까. 아니, 할 수 없다기보다 할 필요가 없다. 애초에 아직 형태도 나타나지 않은 흐름을 예측하는 것은 불가능하기 때문이다. 만약 경영자가 예언자 같은 타입이라면, 그러한 사람이야말로 신용할 수 없다.

중요한 것은 현실에서 일어나는 흐름을 어떻게 받아들이고 대처하는가이다. 괜찮을 법하면 흐름을 탄다든지, 어느 지점에서 무리하지 않도록 주의하는 등 자신의 실력과 처해 있는 입장에 비춰보고서 상황을 정확하게 판단하는 것이다.

경영자의 입장이 아니더라도 일을 하다 보면 다양한 흐름에 직면하게 된다. 자신이 진행하고 있는 사업이 대중매체에 소개되어 화제가 됐다든지 자신이 한 일을 인정받아 사내에서 표창을 받기도 하는 등 사소한 계기로 좋은 흐름이 찾아오는 경우도 있다. 또한 정부가 추진하는 여성 관리직 비율 개선 정책이 자기 회사에도 영향을 미친다면 전문 분야에서 활약하고 싶은 여성에게는 좋은 흐름이 찾아왔다고 할 수 있다. 그런 흐름은 매일 매순간 일어나고 있으므로 이를 파악하기 위해서라도 대중매체를 통한 여론의 동향이나 일상의 정보를 꼼꼼하게 수집해두어야 한다.

운이 없는 사람일수록
'확증'을 원한다

│ 사쿠라이 쇼이치

산다는 것은 보이지 않는 길을 걸어가는 것과 마찬가지이다. '한 치 앞도 모른다'라는 말이 있듯이 실로 인생이란 내일 당장 무슨 일이 일어날지 알 수 없다. 마치 어둠 속을 손으로 더듬어가며 나아가는 것과 같다. 어둠 속을 걷는 것은 도처에 위험이 숨어 있을 것 같아서 누구에게나 두렵고 어려운 일이다. 두렵기 때문에 조금이라도 안심하기 위해 다른 많은 사람들과 같은 길을 걸으려고 한다. 그 길에는 상식이나 좋다고 여겨지는 세간의 가치관 또는 사회적인 관습 같은 '보장'이나 '확증'이 표지판처럼 제시되어 있다.

나는 그런 길을 걷지 않았다. 그다지 흥미가 생기지 않았고 따분하다고 생각했기 때문이다. 그래서 나만의 길을 개척하여 걸어왔다. 그 길은 험난하고 위험천만한 것이었다. 하지만 아무런 보장도 확증도 없었기에 내딛는 걸음마다 두근거리는 즐거움이 있었다.

애초에 100퍼센트 보장하거나 확증할 수 있는 것은 이 세상에 존재하지 않는다고 생각한다. 결혼식에서 평생 사랑할 것을 맹세해도 결혼 생활이 사랑으로 충만하리라는 보장은 어디에도 없다. 세간에 신뢰받고 있는 은행에 돈을 맡겨 놓아도 그 은행이 절대로 파산하지 않는다는 보장은 없다. 또한 공부를 열심히 해서 일류 대학에 들어가도 좋은 회사에 들어갈 수 있고 보람된 일을 할 수 있다는 보장은 없다. 우리가 보장받고 있고 확증이 있다고 믿는 것은 모두 만들어진 것이며 실상은 아무런 근거도 없다.

보장이나 확증을 원하는 것이 인간의 천성이라고 해도 사회의 구성 요건이나 환경에 따라서 그 요구 방식에는 큰 차이가 있다고 본다. 예를 들어 아마존 오지에 살고 있는 사람은 도시 문명 속에서 살아가는 사람처럼 무턱대고 아무런 보장이나 확증을 요구하지는 않을 것이다. 왜냐하면 그들은 아무런 보장도 확증도 없는 대자연 속에서 살아가는 수밖에 없기 때문이다. 자연에는 매뉴얼이 없으니 법률도 없고 과학이 없으니 기술도 없다. 돈이 없으니 상품도 당연히 없다. 그 대신 한 치 앞도 안 보이는 어둠 속에서 모습을 드러내는 예상치 못한 상황이나 변화에 유연하게 대처해나갈 수 있는 본능적인 강인함이 있다.

안타깝게도 그들이 가지고 있는 생존 본능의 강인함이 문명사회에서 살아가는 사람에게는 없다. 그러한 강인함이 결핍됨으로써 발생하는 나약함은 끊임없이 보장이나 확증을 원하는 가장 큰 원인이다. 보장이나 확증을 바라는 심리는 자신이라는 존재의 연약함과 나약함을 증명하는 것이라고 봐도 좋다. 그리고 이러한 심리와 운은 반비례하여 나타난다.

보장이나 확증을 추구하지 않는 강인함. 또는 보장과 확증이 있어도 손에서 놓을 수 있는 단호함. 그런 태도가 몸에 자연스레 배어 있는 사람은 신기하게도 운을 손에 넣기 쉽다. 현시대는 변화를 예측할 수 없을 만큼 격변하고 있다. 그러니 보장이나 확증에 의지하거나 미련 두지 않는 것이 좋다.

리스크

리스크 없는
승리는 없다

| 후지타 스스무

마작은 상대의 대기패를 쉽게 내놓으면 이길 수 없는 게임이다. 마작을 조금이라도 배운 사람이라면 그 사실을 바로 깨달을 것이다. 그렇다고 해서 상대에게 유리한 패를 절대 내놓지 않겠다고 리스크를 계속 피하기만 해도 패한다. 왜냐하면 상대가 쯔모 화료◆를 해도 점수봉은 줄어들기 때문이다. 상대에게 쏘이는 패를 내놓을지도 모른다는 리스크를 각오하고 승부해야 비로소 점수를 얻을 수 있다. 마작을 하는 사람들은 '마작에는 승인勝因은

◆   다른 사람이 버린 패가 아닌, 패를 쌓아둔 패산에서 가져온 패로 완성하는 것을 뜻한다.

없고 패인敗因만 있다'고 말한다. 이는 마작 실력이 약한 사람이 승부처에서 승부에 나서지 않거나 승부처가 아닌 곳에서 무리를 하는 바람에 패인을 초래해 다른 사람을 승자로 만든다는 뜻이다.

비즈니스는 게임이 아니라서 성공 확률이 낮으면 덤벼들어서는 안 된다. 승률을 높이기 위해서 빈틈없이 준비를 하고 경험을 쌓아가는 연습이 필요하다. 그렇게 확률을 높여가도 100퍼센트로 만드는 것은 절대로 불가능하므로, 반드시 어느 정도의 리스크는 짊어져야 한다. 예를 들어 자신의 실력으로 성공할 확률이 80퍼센트 정도라고 하자. 그렇다면 실패할 확률은 불과 20퍼센트이다. 실패했을 때 정말로 치명상을 입지 않는 한 거기서 크게 승부해야 한다. 그리고 그 후의 노력에 따라서 이길 확률을 더욱 높일 수도 있다. 반대로 성공 확률이 50퍼센트라면 비등하다. 거기서 승부를 펼치게 되면 자칫 비즈니스가 아니라 도박이 될 수도 있다.

벤처 기업의 경영자는 이런 리스크에 대해 이익이 크고 승률이 높을 때를 기회라고 받아들여서 승부를 건다. 하지만 대기업 정도가 되면 실패할 확률인 20퍼센트 쪽이 논의의 대상이 된다. 실패하면 책임은 누가 질 것인지 정하는 문제 때문에 일이 좀처럼 진행되지 않는다. 그리고 결국은 아무도 리스크를 짊어지고 싶어 하지 않아서 승부를 피하게 된다.

대다수의 회사가 만점 기준에서 감점하는 방식으로 인사평가를 하기 때문에 사람들은 패자 부활도 없이 한 번 지면 바로 탈락하는 녹다운 토너먼트Knock down tournament와 같은 출세 경쟁을 펼치고 있다. 리스크를 안고서라도 도전하려는 정신은 그런 상황에서는 생기지 않는 법이다.

최근에는 출판 비즈니스도 시장이 축소되는 경향이 있어서인지 출판사들이 최대한 리스크를 짊어지지 않으려 한다. 나오는 책 대부분이 비슷한 주제를 다루고 있거나 과거에 나온 도서의 팔림새를 근거로 출간이 결정된다. 요컨대 기획이 재미있고 어쩌면 성공할 수 있는 작품이라도 유사 도서의 판매 데이터가 좋지 않으면 좀처럼 통과되지 않는 것이다. 반대로 과거에 책 판매량이 우수한 저자나 주제라면 쉽게 통과된다. 그렇기 때문에 필연적으로 재탕再湯, 삼탕三湯한 책이 점점 늘고 있다. 재탕 정도라면 여전히 이윤이 나올 확률이 높다지만, 데이터 제일주의에 빠지면 기획자가 '저 책이 잘나가니까 같은 주제로 밀고 나가자'라든지 '이 저자는 지금 전성기니까 뭐든 쓰게 하자'는 식으로 생각해 버려 출판 시장에 비슷비슷한 아류들이 연이어 등장하는 결과가 나와 버린다. 이런 상태에서 리스크를 어떻게 분석하고 받아들일 것인가.

비단 출판계뿐만 아니라 리스크가 없는 곳에서는 비즈니스가 성립되지 않는다. 리스크가 없으면 이익도 나오지 않는다는 뜻이다. 따라서 리스크를 비즈니스와 더불어 가는 대상으로 받아들이고 발전적인 태도를 취해야 한다.

조금은 불성실해야
운을 잡는다

| 사쿠라이 쇼이치

어떤 일을 벌이는 데 있어서 동기가 중요하다고들 한다. 동기야말로 가장 중요하다고 생각하는 사람은 세속적이지 않고 그 뜻이 높은 일을 하는 게 바람직하다. 예를 들어 메이지유신明治維新 시절에 활약했던 유신 지사들은 바로 그런 종류의 동기를 가지고 세상을 위해 힘썼다고 할 수 있다. 하지만 늘 순수한 동기만을 가지고 행동하는 사람은 이 세상에 아무도 없을 것이다. 어떤 사람이든 속된 면이 있기 마련이고 오히려 사람들의 동기 대부분은 속된 것에서 출발한다.

예전에 나를 찾아온 한 취재기자에게 무엇을 위해서 일하고 있는지 물어봤다. 그때 그는 막연하게 "이성에게 인기를 끌고 싶어서랄까요"라고 답했는데, 그 취재기자뿐만 아니라 대부분의 사람에게 있어서 일을 하는 동기는 대개 돈이나 가족을 위해서 정도로 거창하지 않은 것이다. 그 취재기자는 "그러면 자신을 갈고 닦고자 하는 동기로 일하는 사람은 순수하다고 할 수 있나요?"라고 내게 물었다. 기자의 질문처럼 그 또한 딱히 순수하다고는 할 수 없다. 무엇을 위해서 자신을 갈고닦는지 목적을 생각해보면 이성에게 인기를 끌고 싶다거나 돈을 벌기 위해서 등 속된 동기에서 비롯되는 경우가 많을 테니 말이다.

무엇보다 자신에 대한 보상을 생각지 않고 진정으로 '세상을 위해서' 같은 순수한 동기로 일에 몰두하는 사람은 지극히 드물다. 그런데 일하는 동기에 불순한 요소가 많은 사람과 적은 사람 중에 어느 쪽이 일을 능률적으로 해낼 수 있을까? 대부분 후자를 꼽을 것이다. 동기에 순수한 요소가 많을수록 '성실함'으로 이어지고, 불순한 요소가 많을수록 '불성실함'으로 이어지기 쉽다고 생각하기 때문이다. 그리고 불성실한 태도보다도 성실한 태도로 일하는 편이 능률적으로 일해서 좋은 결과를 내리라는 선입견이 있다.

하지만 실제로는 어떨까. 오로지 순수한 태도로 일하는 것보다 불순하고 불성실한 동기가 섞여 있는 쪽이 재미있고 능률적으로 일할 가능성이 높다. 불순하고 불성실한 동기를 가진 사람들은 일을 재미있는 놀이처럼 여기기 때문에 여유도 생기고 결과적으로 능률이 오르게 된다. 오로지 성실함만으로 일하면 시야가 좁아지고 유연한 발상이 나오지 않는다.

작귀회 도장에서도 좋은 대학에 들어가기 위해서 오로지 성실하게 공부만 해온 듯한 청년은 무엇에도 딱딱하고 고지식하게 대응하여 유사시에 임기응변을 못 하는 경향이 강하다. 회사에서는 지나치게 성실한 상사를 둔 부하가 더 일하기 힘들 것이다. 잠깐 숨을 돌리거나 조금이라도 여유를 부리려고 하면 상사가 매서운 눈으로 주시할 테고, 재미있는 놀이처럼 일하는 모습을 보이면 좀 더 진지하게 하라고 질책할지도 모른다.

성실함은 의심할 여지없이 무조건 좋은 것이라고 굳게 믿고 있는 사람은 성실이라는 이름의 '감옥'에 자신을 가둬두고 있는 것인지도 모른다. 악행을 저지른 범죄자가 갱생하여 반듯한 인간이 되기도 하듯 과도한 성실함에 치우친 사람은 성실로부터 '갱생'하는 편이 좋다.

불성실함은 세간에서 생각하는 만큼 나쁜 것이 아니며, 때로는 성실함보다 운을 훨씬 많이 따르게 해서 좋은 결과를 불러온다. 또한 불성실한 동기로 일하거나 마치 노는 것처럼 일하는 것이 능률을 높이는 윤활유가 되기도 한다. 불순한 동기로 일을 시작하더라도 이윽고 순수한 동기가 더해지는 일도 있다. 따라서 불순한 동기로 일하고 있다고 해서 특별히 크게 부끄러워 할 필요 없다.

시작은 불순하게,
비전은 확실하게

| 후지타 스스무

이런 경영자가 있다고 가정해보자.

무슨 일을 하든 굉장히 성실하고 다른 직원 누구보다도 아침 일
찍 출근하며 하루도 결근하지 않는다. 재물에 욕심이 없어서 보
수도 사원이 놀랄 만큼 조금밖에 받지 않는다. 완벽주의자여서
모든 사원에게 완벽한 업무 처리를 요구한다. 가정사에서도 바람
을 피우는 것은 생각한 적도 없거니와, 술을 마셔도 흥에 겨워 도
를 넘지 않는다.

그렇게 완벽하게 성실한 경영자가 당신 회사의 사장이라면, 그 사람 아래서 일하고 싶은가? 나라면 달갑지 않다. 함께 있으면 숨이 막힐 테고 오로지 성실하게 일해야 한다는 압박감에 위축되어 자유롭고 풍부한 발상이 나오지 않을 것이다.

내가 아는 우수한 경영자들은 물론 모두 기본적으로 성실하지만, 더불어 그와 상반되는 요소도 균형감 있게 겸비하고 있다. 인간미가 느껴지지 않을 정도로 너무 야무진 경영자라면 사원은 마음 편히 일하지 못한다.

인간은 '번뇌'하기 때문에 인간이라고 생각한다. 어떤 고결한 인격의 소유자라도 번뇌가 있으며 불순한 욕망을 가지고 있기 마련이다. 지나치게 성실한 사람은 불순한 것을 싫어할지도 모르지만 불순한 욕망이 있는 것이 인간의 본질이고 그 아래에서 일하는 사람에게도 도움이 된다.

성실하게 일해야 하는 분위기가 강한 직장에 있으면, 불순한 욕망은 강하게 억압받고 있다가 의외의 순간에 돌출한다. 우리 회사에 은행에서 전직해온 직원이 몇 있었는데 그중 한 사람이 막 입사했을 무렵 낮에는 상당히 성실한 얼굴로 일하다가 저녁 회식 자리에서 갑자기 옷을 벗은 적이 있다. 아마 전 직장에서의 습관이었을 것이다. 하지만 우리 회사 직원들은 모두 성격이 무던한 편이라서 그의 돌발적인 행동에도 '스트레스가 쌓인 건가?' 하는 정도의 반응밖에 없었다. 그러자 그는 자기 행동이 예전처럼 먹혀들지 않는다는 사실을 깨닫고 이후로는 옷을 벗지 않았다.

호리에 다카후미 전 라이브도어 사장이 주가 조작을 비롯한 부정행위를 저지른 이후, 젊은 기업가들은 모두 하나같이 성실한 타입이 되었다. 예전의 힐스족Hills族◆과 같은 화려함이 없어졌고, 매스컴 취재에도 돈이나 화려하게 노는 일에는 그다지 흥미가 없다는 식으로 답한다. 그런 모습이 내게는 세간의 눈에 띄면 비난받기 때문에 무난하게 지내려는 일종의 자기방어로 느껴진다.

그들도 사업을 시작했을 때 가졌던 동기 중에는 돈을 많이 벌고 싶다는 욕망도 있었을 것이다. 그러다가 성공하여 이름이 알려지면 "세상의 제도를 바꾸고 싶습니다"라든지 "좋은 사회를 만드는 데 공헌하고 싶습니다"와 같은 멋있는 말을 점점 하게 된다. 그것은 주위에서도 바라고 있고, 부하 직원들이나 주변 사람들을 실망시키고 싶지 않다는 마음도 있기 때문이다. 그리고 자신 또한 어느 순간부터 그 말을 굳게 믿기 시작한다. 그러나 출발점에 자리한 동기는 여전히 세속적인 종류의 것이다. 나 자신도 그러한 면이 있기 때문에 십분 이해할 수 있다. 물론 그렇다고 해서 뜻이 높은 목표는 그럼 죄다 거짓이냐고 묻는다면, 결코 그렇지는 않다.

◆　과거 롯폰기를 중심으로 사교 모임을 하던 IT벤처·투자펀드 관계자 등의 신흥 부유층.

나 역시 21세기를 대표하는 회사를 만들겠다는 비전을 내걸고 매일 열심히 일하고 있지만, 출발점에서부터 그렇게까지 거창한 생각은 못했다는 말이다. 막연히 내 힘으로 굉장한 회사를 만들고 싶다고 생각했고 일을 해나가는 동안에 회사가 내세우는 비전의 윤곽이 만들어졌다고 할 수 있다.

창업 당시에는 굉장한 회사를 만들고 싶다는 마음 이면에 인기를 끌고 싶다거나 보란 듯이 성공하고 싶다는 마음이 있었을지도 모른다. 돈을 목적으로 사업을 시작한 것은 아니지만 부富에 대한 갈망이 '전혀' 없었냐고 묻는다면 그건 아니라고 답하겠다.

하지만 실제로 원하는 걸 손에 넣으면, 이전의 불순한 동기는 어떻게 되든 상관이 없어진다. 돈으로 채워지는 물질적인 욕망은 바로 질리기 때문이다. 인기를 끌고 싶다거나 보란 듯이 성공하겠다는 마음도 마찬가지이다. 달성하면 곧바로 질려버린다. 그것보다도 경영이라는 승부에서 싸워가는 과정 그 자체가 다른 무엇보다도 몰입할 수 있는 것이며 나의 비전을 향하여 지금은 한 점의 거짓도 없이 일에 임하고 있다.

시작은 불순하더라도 동기는 그렇지 않은 방향으로 바뀌어갈 수 있다. 그렇게 하여 일이나 삶의 질을 높여서 성공의 가능성을 보다 넓혀가는 것이다.

역경은
아군이라고 생각하라

| 사쿠라이 쇼이치

승부의 흐름에는 노력하지 않아도 원활하게 진행되는 국면이 있는 반면, 격렬하게 소용돌이치거나 탁류가 일어나는 등 흐름을 극복하기 위해서 온 힘을 다해 덤벼야 하는 때도 반드시 있다. 나는 그러한 격렬한 국면을 무엇보다 선호한다. 그렇다고 해서 그 순간 버겁다거나 괴롭다고 느끼지 않는 것은 아니다. 하지만 기본적으로는 혹독한 상황을 '적이 아니라 아군'이라고 여겼기에 역경에서 헤어나올 수 있었다.

요즘에는 순풍이나 역풍, 즉 역경에 빠져 있다고 느끼는 사람들이 많은 듯하다. 하지만 역경을 단순히 역경으로만 받아들여서는 안 된다. 역경이라는 이름으로 받아들인 시점에서 이미 큰 장벽이 눈앞에 생긴다. 장벽이나 장애라고 생각하면 그것은 싸워서 쓰러뜨려야 하는 적이 되는 것이며, 뛰어넘어야 한다는 부담이 생긴다.

물론 적이라고 생각할 때 분발하여 에너지를 발산하는 사람도 있다. 하지만 상당히 혹독한 상황에 직면했을 때는 그런 방법으로는 대처할 에너지가 지속되지 않는다. 결국은 승부에서 완패하는 참담한 상황에 처할 것이 분명하다.

나는 마작 승부가 아닌 일상에서 '이거 참 버겁군. 얼마나 견딜 수 있으려나' 하고 생각한 적이 몇 번쯤 있다. 그런 때에 자주 떠올린 것이 자연의 모습이다. 그런데 그림엽서에나 등장할 법한 아름다운 자연이 아니다. 사람의 힘이 따라잡을 수 없는 궁극의 혹독함. 그것이야말로 자연의 본질이라고 생각한다. 바다에서 맨몸으로 잠수할 수 있는 깊이는 불과 몇십 미터이다. 그 이상은 폐가 수압에 짓눌려서 사망할 수도 있다. 또한 에베레스트 같은 해발 8,000미터급 최고봉 정상에 아무 장비도 없이 느닷없이 내던져지면 호흡곤란에 빠져서 목숨을 잃고 만다.

나는 세상살이가 버겁다거나 가혹하다고 느껴질 때면 자연의 그런 혹독함 속에 놓여 있는 내 모습을 상상했다. 그처럼 인생에서 혹독한 국면을 맞았을 때 대자연의 그것에 비하면 해결될 가능성이 크다고 받아들인다면, 역경은 적이 아니라 나를 강인하게 만들어줄 아군이라고 생각할 수 있는 여유가 생긴다.

애초에 인생에는 혹독한 상황이 늘 따라다닌다. 특별한 것이 아니라 당연히 있을 수밖에 없는 것이다. 그것을 인생의 전체로 받아들이는 사람이 인생이란 언제나 밝고 행복해야 한다는 전제를 가진 사람보다 역경에 처했을 때 훨씬 강인하고 끈기 있는 삶을 살 수 있다.

역경에서 운을
찾아낼 수 있는가

┃후지타 스스무

나는 스물여섯 살이라는 나이에 당시 사상 최연소로 도쿄증권거래소 마더스에 회사를 상장시켰다. 그 무렵 어느 경영자로부터 "사람은 모름지기 역경을 경험해야 한다"는 말을 들었는데 그때까지는 스스로 생각하기에도 상당히 순조롭게 흘러왔다고 생각했기 때문에 그 말이 솔직히 깊게 와 닿지는 않았다. 하지만 지금은 너무나도 뼈저리게 이해하고 있다.

그 후 닷컴버블이 붕괴하여 주가가 크게 하락하고 적자가 이어지자 주위로부터 비난이 쏟아졌고, 급기야 회사를 빼앗기기 직전까지 몰리기도 했었다. 그러나 그 큰 역경을 뛰어넘음으로써 그

다음 역경이 또 찾아와도 거의 동요하지 않게 되었다. 간단히 끝나지 않을 문제가 갑자기 생겨도 과거에 경험했던 역경에는 미치지 못할 수준이라면 동요하지 않았다. 허둥댄다거나 초조해하던 것이 사라진 것이다. "역경을 적이 아닌 아군으로 생각하라"는 사쿠라이 씨의 말에 정신이 번쩍 들었다. 마작이라는 게임은 대부분 역경을 견디는 시간으로 이루어져 있기 때문에 마음먹기에 따라서 그것을 아군이라고 여기는 것은 흐름을 유지하는 좋은 비법이라고 생각한다. 같은 일이라도 그것을 어떻게 받아들이는가에 따라서 그 사람의 경험의 질이 달라지며 운과의 인연도 달라진다.

'가진 자의 불행'이라는 말이 있다. 돈이 있으면 생활 수준이 올라가지만, 익숙해지면 그 상태가 당연한 것이 되어버린다. 그리고 그것이 기준점이 되면 높은 생활 수준은 당연한 것이므로 행복을 느끼지 못하고 조금이라도 수준이 떨어지면 왜 내가 이런 고생을 겪어야 하느냐고 생각하게 된다.

부자가 생활 수준이 높아졌음에도 불행을 한탄하듯이 마작에서도 순조로울 때를 기준으로 삼으면 흐름이 조금이라도 나빠질 경우 필요 이상으로 운이 없다고 한탄하게 된다. '왼쪽에 앉은 상대가 이상하게 울었기 때문이야'라거나 '저 녀석이 흐름을 깨뜨려서 그래'라는 식으로 다른 누군가의 탓으로 돌려서 갈수록 운의 흐름을 악화시키는 것이다.

"양처를 얻으면 행복해지고 악처를 얻으면 철학자가 된다"는 소크라테스의 명언처럼 마이너스 상황인 역경에서 이점을 찾아내는 것은 무척이나 중요하다.

나는 사람을 성장시키는 것은 역경이라고 생각한다. 총각 시절, 사회생활을 한 경험이 없는 여성과 몇 번쯤 데이트를 한 적이 있다. 그런데 화젯거리가 텔레비전에 나오는 연예인 이야기뿐이어서 대화가 전혀 활기를 띠지 않았다. 개인적으로 그런 얘기보다는 상사가 별로라서 꼼짝없이 온갖 고생을 하고 있다든지 처리할 업무가 너무 많아 잘 시간도 없어서 고민하고 있는 사람과 대화를 나누는 편이 재미있다.

사람의 내면적 깊이란 역경을 이겨낸 경험이 쌓이면서 생기는 법이다. 따라서 역경과 조우하게 된다면 나 스스로에게 깊이를 부여해줄 기회라고 받아들이고 긍정적으로 대응해나가는 것이 좋다.

'반드시'라는
생각을 버리자

| 사쿠라이 쇼이치

같은 종류의 스트레스를 받거나 같은 고민을 끌어안고 있어도 사람에 따라서 그것을 받아들이는 방식은 전혀 다르다. 스트레스에 강한 사람이 있는가 하면 약한 사람도 있다. 고민을 심각하게 만드는 사람이 있는가 하면 기분 전환이 빠르고 고민에 사로잡히는 일 없이 발전적으로 살아가는 사람도 있다. 이러한 차이는 대체 어디에서 생기는 것일까. 나는 그것이 사고방식이나 마음가짐의 소소한 차이에서 온다는 생각이다.

　다양한 주제로 책을 내고 있기 때문인지 간혹 마음속 깊은 고민을 가진 사람들이 내게 상담을 요청할 때가 있다. 그들에게서 공통적으로 보이는 몇 가지 경향이 있는데, 그중 하나가 '반드시 ○○해야 한다'는 사고 패턴이다. 이런 사고 습관을 가지고 있는 사람은 기본적으로 이상이 높다. 이른바 '인생은 이렇게 살아야 한다', '사람과는 이렇게 어울려야 한다', '사회는 사람을 행복하게 만들어야 한다'와 같은 것들이다.

하지만 '반드시'라는 사고 습관이 있으면, 고민도 필요 이상 깊어지고 지나친 강박에 사로잡히기 쉽다. 또한 이상과 현실의 격차를 뼈저리게 느껴서 끌어안고 있던 고민이 필요 이상 심각해지는 원인이 될지도 모른다.

나는 다행스럽게도 일흔이 넘은 지금까지 심각하게 고민하다 절망에 빠지는 상태까지 떨어져본 적은 없다. 왜냐하면 내 인생에는 늘 '바람'이 불고 있었기 때문이다. 지금까지의 인생을 돌아보면 중요한 순간에는 늘 바람이 나를 앞으로 움직이게 해준 것 같다.

그렇다면 바람이란 무엇일까? 어떤 말로도 명확하게 표현할 수는 없지만, 자연에 모든 감각을 내맡겼을 때 생기는 흐름과 닮아 있다. 그런 바람에 내맡긴 삶을 살아온 덕분에 괴로운 일이 일어나도 그것에 강하게 사로잡히지 않은 것 같다. 만약 바람을 따르지 않고 머리를 '이쪽으로 나아가야 한다'든가 '이렇게 생각해야지' 하고 판단했더라면 분명 나의 인생은 지금과는 상당히 달라졌을 것이다.

'어떻게든 해야지'가 아니라 '될 일은 어떻게든 되겠지'라는 관념, 바람은 그러한 관념을 실어다주었다. 그 바람은 생각에 집착하지 않는 상태가 되었을 때 불어온다. 바람이 불면 그것을 타고 가뿐하게 다음 단계로 이동할 수 있다. 따라서 바람은 틀림없이 인생을 원활하게 환기시켜주는 것이라고 생각한다.

'어떻게든 되겠지'라는 생각에
운은 돌아온다

| 후지타 스스무

사람들은 곤란한 상황에 처했을 때 '빨리 어떻게든 해야 한다'고 생각한다. 하지만 그러한 때야말로 오히려 '될 일은 어떻게든 되겠지' 하고 생각하는 것이 좋다.

마작을 하다가 점수봉이 얼마 후면 다 떨어질 것 같을 때 '아, 이제 난 졌다'고 생각하면 거기서 게임은 끝이다. 점수봉이 적은 상태라도 아직 패배한 것은 아니다. 겐토샤 출판사의 겐조 도오루 사장도 예전에 출간된 공저에서 "'지다'와 '지고 있다'는 것은 완전히 별개"라고 말했다. 지고 있는 상태는 어디까지나 과정에 불과하며 최종적으로 이기면 되는 것이다.

주식 투자에서도 처음에 1,000만 엔에 샀던 주식이 떨어져서 도중에 반값이 되면 액면상으로는 이미 500만 엔을 손해를 본 것이므로 더 떨어질 것 같은 느낌이 들어서 몹시 불안해지기 마련이다.

그러나 거기서 다급히 주식을 팔아버리면 손해만 남을 뿐이다. 주식은 쌀 때 사서 비쌀 때 파는 것이 원칙이다. 한편 주식을 보유한 채 몇 년쯤 잊고 지내면 매입가의 배가 될 때도 있다. 그렇게 되면 도중의 경과가 어떠하든 사실상 1,000만 엔에 산 주식이 두 배인 2,000만 엔이 된 것이다.

도중에 주식이 절반까지 폭락했다고 해서 '여기서 더 떨어지면 끝장'이라며 패닉 상태에 빠져서 다급하게 팔아서는 주식 투자계에서 이길 수 없다. 주식은 평탄하게 오르는 경우가 오히려 드물기 때문에 사고 나서 보유하고 있다는 사실도 잊고 지내는 사람이 돈을 번다. 만약 매입가에서 상당히 하락했다고 해도 '어떻게든 되겠지' 하고 내버려두는 자세로 있어야 한다.

예전에 경영 위기가 코앞에 닥친 출판사에서 일하던 한 도쿄대학 출신의 편집자와 한잔하러 갔을 때였다. 그는 회사 상황이 상당히 긴박하다며 앞으로 어떻게 살아가야 할지 막막하다고 말했다. 그때 나는 "지금은 지고 있는 상황일 뿐, 앞으로 진행될 신규 사업이 성공할 수도 있고 세상의 풍향이 바뀔 수도 있습니다. 아직 모르지 않습니까. 좋아하는 일을 하고 있으니 행복한 거지요"

라고 격려해주었다.

회사가 위태로울 때, 부하 직원은 당연히 이대로 회사가 도산할까봐 초조해한다. 우리 회사도 닷컴버블이 터졌을 때 한시라도 빨리 재정이 좋은 회사를 찾아서 전직해야 한다며 침몰하는 배에서 도망치듯 많은 직원이 사표를 냈다. 하지만 그런 때에 냉정하게 판단을 내리지 못하는 사람은 주식을 예로 들자면 주가가 떨어지자마자 패닉에 빠져서 급하게 처분하는 사람과 같다. 경기가 나쁜 시기에는 구직 활동을 하더라도 면접 때 상대가 구직난을 약점으로 이용하려 들 수 있다. 이는 부동산 시세가 나쁠 때 집을 팔려고 하다가 도리어 낮은 시세가 약점으로 작용해 헐값을 받는 것과 같은 이치다. 따라서 위태로운 때야말로 평정심을 잃지 말아야 한다. '될 일은 어떻게든 된다'는 마음가짐을 지키는 것이 운을 되찾는 지름길이다.

편한 것만 추구하면
편해지지 않는다

| 사쿠라이 쇼이치

옛날과 비교했을 때 요즘 세상은 여러모로 상당히 편리해졌다. 그러나 편리함에 지나치게 익숙해지면 사람은 퇴화한다.

편리함을 추구하는 풍조는 확실히 삶에도 영향을 미친다. 젊은 세대를 보고 있으면 편하게 살고 싶다는 마음을 가진 사람이 예전보다 늘었다는 생각이 든다. 편하게 살고 싶다는 것은 '편하게 돈을 벌고 싶다'든지 '편하게 쉬엄쉬엄 일상을 보내고 싶다'는 의미이다. 그리고 더 나아가 인간관계에 있어서는 '번잡한 관계는 피하고 편한 관계만 맺자'는 식이 되기도 한다.

하지만 편한 것만 추구하면 사람은 성장하지 않는다. 혹독한 상황을 견디거나 그것을 극복해갈 수 있는 힘도 자라지 않는다. 힘든 일이 있으면 도망치고 괴로운 일이 있으면 어물쩍 넘기는 등 편한 쪽만 찾으면 성장할 기회를 영원히 잃고 만다. 성장하지 못하면 곤경에 빠져도 거기서 헤어날 힘을 낼 수 없고, 일에 있어서도 인간관계에 있어서도 금방 좌절하고 만다. 결국은 편한 길만 선택한 나머지 시간이 아무리 지나도 편하게 살지 못하는 것이다.

나는 눈앞에 평탄한 길과 험난한 길, 이 두 가지가 있으면 망설이지 않고 험난한 길을 선택할 것이다. 실제로 지금까지도 그렇게 살아왔다. 만약 편한 길을 선택하는 일이 있다면 그것은 내가 나약해졌을 때일 것이다. 험난한 길을 선택하면 자연스레 단련되어 강해진다. 그러면 다음에 또 험난한 길이 나타나도 전보다 편하게 나아갈 수 있다. 하지만 늘 편한 쪽을 선택하면 험난한 길은 언제까지나 험난하게 다가올 것이다.

승부에 있어서도 편한 것을 추구하는 행동은 금지된 수이다. 예를 들어 스포츠 세계에서는 압도적으로 강한 선수나 팀이 랭킹 하위 선수나 팀에 예기치 않게 패배하는 일이 있다. 그것은 '이 정도면 누워서 떡 먹기'라고 방심해서 생기는 허점을 상대가 파고들었기 때문이다. 자신이 아무리 강해도, 아무리 자랑스러운 실적이 있더라도 편하게 이길 수 있는 상대는 없다고 생각해야 한다. 실력으로는 편하게 이길 수 있는 상대더라도 승부에는 진

지하게 임해야 한다. 진지한 자세로 싸움에 임해야 비로소 '승리'
라는 결과가 내 몫이 되는 것이다.

편하게 얻은 것은
빨리 사라진다

| 후지타 스스무

내가 마작을 열심히 하고 있다고 이야기하면, 마작을 모르는 사람은 업무 스트레스를 풀거나 쉬는 시간에 하는 것이지 않느냐고 말한다. 하지만 그건 터무니없는 오해다.

"세면대에 얼굴을 넣고 마지막까지 고개를 들지 않는 사람이 이긴다"라는 사쿠라이 씨의 말처럼 마작은 끈기와 의지가 없으면 계속할 수 없다. 일을 하는 것과 마찬가지로 마작도 이를 악물고 연마해야 하며 스트레스가 해소되기는커녕 쌓이기만 한다. 진정한 마작에서는 그 괴로운 승부를 마지막까지 해내는 사람이 이긴다. 여유롭게 취미로 즐기고 싶다는 사람은 마작의 진검 승부와는 분명 맞지 않다. 마작은 인내를 요구하는 게임이므로 편하게 이기는 법만 노리면 승부의 흐름은 신기할 만큼 나쁜 방향으로 흘러간다.

나는 업무에서 '부정적인 소용돌이' 또는 '긍정적인 소용돌이'라는 말을 자주 사용하는데, 언뜻 편해 보이는 것이나 힘들어 보이는 것이 과연 진짜 그런지를 판별할 때 모든 것을 '소용돌이'로 가정하고 파악하는 것을 말한다.

실제로 마작이든 일이든 편한 쪽을 추구하면 흐름이 나쁜 쪽으로 나선형으로 뻗어가는 부정적인 소용돌이가 일어나기 쉽다. 반대로 힘든 쪽을 추구하면 긍정적인 소용돌이가 일어난다. 부정적인 소용돌이도 긍정적인 소용돌이도 계기와 결과가 반대인 셈이다.

편하게만 있으면 결국 실력이 붙지 않는다. 그리고 실력이 없으면 행운이 일어나더라도 오래 이어지지 않는다. 이러한 사실은 한 곡으로 반짝 뜨고 사라지는 가수들을 보면 잘 알 수 있다. 실력이 없는데도 운 좋게 성공한 반짝 가수는 애초에 실력이 없기 때문에 인기도 눈 깜짝할 사이에 떨어진다. 한편 라이브하우스 등에서 10년 가까이 바닥부터 차곡차곡 실력을 쌓아온 뮤지션은 한번 히트를 치면 그리 간단히 인기가 떨어지지 않는다.

경영자가 오랜 세월 고생해서 키워온 회사도 그렇다. 공들여 키운 회사의 기반은 지층처럼 견고하게 다져져 있기 때문에 사소한 일로는 무너지지 않는다. 경기가 좋을 때 회사를 세우고 우연히 시류에 편승해 성공하여 고생도 별로 하지 않고 사업 실적을 신장시킨 회사를 몇 군데 알고 있다. 하지만 그런 회사들은 경기가 악화되자 실적이 급격하게 떨어져서 대부분 사라져버렸다.

반대로 경기가 나쁜 시기에 만들어진 회사는 열악한 환경을 전제로 조직을 만들었기 때문에 경영자나 사원의 힘이 알차게 갖추어져 있어서 튼튼한 회사로 성장하는 경우가 많다. 편하게 한 방에 성공한 예를 보면서 자신도 저렇게 되고 싶다며 조급해하는 사람이 적지 않은데, 실력을 바탕으로 성공했는지 생각해보지도 않고 겉만 보고 부러워하는 것은 무의미하다.

나는 젊을 때 회사를 상장시켜 자산을 쌓아왔기 때문에 '은퇴하고 하와이 같은 곳에서 느긋하게 살고 싶지 않느냐'는 질문을 가끔 받는다. 순간적으로 그런 상상에 현혹될 때도 있지만, 만약 하와이에 가서 매일 빈둥대며 편안하게 생활한다면 나는 인간적인 성장이 멈추고 사회적인 사명감도 잃은 채 삶의 보람을 느끼지 못할 것이다. 궁극적으로는 무료하고 삶이 버거워지는 부정적인 소용돌이에 휘말려들 것 같기 때문이다. 그러므로 나에게는 당분간 '편하게 산다'는 선택지는 없을 것이다.

운을 쌓기 위한 마지막 점검

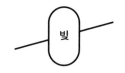

빛을 지면
운기가 떨어진다

| 사쿠라이 쇼이치

일본의 재정은 적자가 너무 커서 상당한 위기 상태라고 한다. 나라뿐만이 아니다. 기업도 개인도 빚더미에 올라앉을지도 모른다. 이처럼 빚이란 본질적으로 위험을 내포하고 있다. 예를 들어 개인의 경우, 빚은 인간관계의 트러블로 발전하기 쉽다. 자칫하면 범죄에 말려드는 일마저 발생한다. 실제로 범죄의 배경에는 종종 빚 문제가 얽혀 있다.

빚은 매우 높은 확률로 불행의 원인이 되기 쉽다. 따라서 돈을 빌리거나 빌려주는 것은 가능하다면 피하는 편이 좋다. 나는 기본적으로 자식들에게 설교하는 일이 잘 없지만 금전 관계에 대해서만큼은 절대로 빌리지도 말고, 빌려주지도 말라고 가르치고 있다. 돈 때문에 범죄 수위까지 갔던 사람을 주변에서 몇이나 봤기 때문이다. 빚을 지고 갚을 방도가 없으면 이제 다 틀렸다고, 어떻게든 해야 한다고 생각하며 초조해하다가 자신을 몰아세우기 마련이다. 그중에는 비겁한 수단이나 나쁜 수단을 사용해서라도 어떻게든 해결하려고 하는 사람도 생긴다. 돈을 빌리는 행위가 자신에게 얼마나 부담을 주는지 상상도 못하는 사람이 너무 많은 것이다.

나는 지금까지 누군가에게 돈을 빌린 적이 없다. 반대로 누군가에게 돈을 빌려달라는 부탁을 듣고 정말 어쩔 수 없다는 생각이 들었을 때는 빌려주는 것이 아니라 '그냥 주는 셈 치고' 건넨다. 그러면 돈 관계에서 어느 쪽도 플러스나 마이너스가 아닌 '제로'인 채로 둘 사이의 관계가 안 좋게 틀어질 일도 없다.

자본주의 사회는 빚을 끌어안은 사람을 끝없이 양산하고 있다. 빚을 지나치게 늘리는 것은 사람 사이에서만 생기는 일이 아니다. 자연에게도 인간은 상당한 빚을 지고 있다. '자연은 무한하니까'라는 이기적인 생각으로 자연을 이용할 만큼 이용했고, 그 결과 자원을 과도하게 사용하고 말았다. 자연은 누구의 것도 아니므로 자원을 아무리 가져다 쓰더라도 누구의 허가도 필요치 않고 불만을 들을 일도 없다는 착각도 거든 탓에, 인간은 이미 자연에 갚을 수 없을 만큼 빚을 지고 만 것이다.

자연의 입장에서 보았을 때 인간은 부모에게 얼마든지 재산이 있다고 생각해 부모가 주는 용돈으로 마음껏 놀고먹는 방탕한 자식과 같다. 만약 자연이 말을 할 수 있다면 "너희는 내 자식이지만 너무 사치했어. 더는 용납할 수가 없다"고 말하지 않을까.

사람은 본래 자연이 베푸는 은혜로 살아가고 있는 존재이다. 하지만 그런 사실을 모두 잊고 말았다. 자연에 빚지는 것이 도리어 인류의 목을 조르고 있다는 걸 자각하지 못하는 것이다. 그런 뜻에서 최근에 관심이 높아지고 있는 생태계 보존 운동 등은 '언 발에 오줌 누는' 격일지도 모른다. 아메리카 대륙의 원주민인 인디언은 자연을 두고 '지금 사람들이 미래의 아이들에게 빌려 쓰고 있는 것'이라고 표현했다. 따라서 환경 파괴는 미래의 인류에게 빚을 지는 것이라고 할 수 있다.

빚이라는 것은 갚지 않으면 운에서도 멀어지게 한다. 돈뿐만 아니라 타인에게 받은 은혜나 친절, 배려 등도 빚에 속한다. 그러한 빚은 어떠한 형태로든 갚도록 노력해야 한다. 그렇지 않은 사람은 결국 인간관계가 틀어져서 운에서 멀어진다. 같은 의미로 자연에도 빚만 지고 있는 인류는 머지않아 운이 하락할 것이라고 생각한다. 따라서 까마득히 쌓인 그 빚을 어떻게 갚아야 할지 진정으로 진지하게 고민해야 한다.

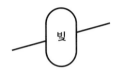

빌려주는 것이 많아지면
운기가 올라간다

ㅣ후지타 스스무

부탁을 잘해서 여러 사람에게 빚을 잘 지는 사람과 부탁을 받아서 여러 가지를 도와주거나 빚을 잘 내주는 사람, 양쪽을 비교하면 틀림없이 후자가 운이 좋아진다.

단기적으로는 여러 사람에게 부탁을 해서 상대가 그 부탁을 들어주는 사람 쪽이 이득을 얻는 것처럼 보일지 모른다. 하지만 확실히 이런 사람은 일시적으로는 운이 따르더라도 오래 이어지지 않는다. 신세를 졌으면서 어느새 도리에 어긋나는 행동을 하고 있거나 부탁을 들어줬는데도 감사의 말을 하지 않아서 자신도 모르는 사이에 미움을 사거나 평판이 떨어지는 경우가 많기 때문이다. 가깝게 지내는 한 선배 경영자는 "값싼 빚을 지지 마라"는 말을 자주 한다. 먼저 쓸데없는 부탁을 해서 자신의 가치를 떨어뜨리지 말라는 뜻이다. 타인에게 스스럼없이 무언가를 부탁하고 싶어져도 한 번 더 생각해서 참는 편이 좋다는 것이다.

반대로 타인에게 오로지 무언가를 베풀면서 전혀 보답을 바라지 않는 사람은 무슨 일이 있을 때 신기하게도 모두가 도움을 주거나 언젠가는 예기치 않은 형태로 크게 보답이 돌아오기 마련이다. 많은 사람이 '저 사람은 진국이야', '무슨 일이 있으면 힘이돼줘야겠다'고 생각해서 다양한 형태로 협력하거나 응원해주는것이다. 크게 성공한 사람 중에는 이런 유형이 많다.

나는 개인적으로는 누군가에게 부탁하는 것이 거북해서 거의하지 않는 편이다. 하지만 무언가를 부탁받으면 대개 응하는 편이고, 다 같이 식사를 하면 기본적으로 내가 대접한다. 돈을 빌려달라는 부탁을 받으면 친한 사람일 때는 상한을 정해서 빌려주고 있다. 변제를 요구하지도 않는 편이고 딱히 상대에게 빚을 지우겠다는 계산을 깔고 돈을 내주지도 않는다.

계산을 하기 시작하면 타인에게 도움을 받거나 빌리기만 하는사람과 같은 수준이 된다. 그렇게 손익을 따지는 사람은 편협해지며 운에게 '사랑'받지 못한다. 타인에게 부탁을 받아서 뭔가를돕거나 돈을 빌려줄 때는 그 사실조차 잊는다는 마음으로 행하는 편이 좋다.

연예계 종사자들은 금전 관계를 둘러싼 미묘한 사정을 잘 알고 있어서인지 빚을 지는 것을 싫어하는 사람이 많은 것 같다. 연예계에서 오래 살아남은 사람은 예외 없이 빚이 생기면 바로 갚으며 한편으로 타인에게는 아낌없이 내주는 타입이 많다. 그래서 연예계의 거물이라고 불리는 사람들은 남에게 쉽게 부탁하지 않는 대신 오로지 베풀며 보답을 요구하지 않는 삶을 살아가는 것이 아닐까. '거물'이라고 불리는 사람에게 운이 따르는 이유는 바로 그 점에 있는 듯하다.

실수에 올바르게 대처하면
운은 돌아온다

| 사쿠라이 쇼이치

미국 프로야구 메이저리그에서는 선수가 잘못했을 때 감독이나 코치가 반드시 꾸짖어야 하는 실수와 넘어가도 되는 실수가 있다고 한다. 전자는 '목에서 위로 하는 실수', 후자는 '목에서 아래로 하는 실수'로 표현하는 모양이다.

'목에서 위'란 정신적인 것으로 자신도 모르게 저지르는 실수이며 '목에서 아래'란 몸으로 저지르는 실수이다. 글러브를 내밀 타이밍이 어긋나서 공을 놓쳤거나 악송구를 해서 주자를 잡지 못했다거나 실투를 하는 바람에 상대팀이 홈런을 쳤을 때와 같이 몸으로 저지른 실수는 눈감아주지만, 사인을 보지 못했거나 아웃카운트를 틀렸거나 커버 플레이를 잊는 등 주의를 기울이지 않아 저지른 실수는 엄하게 혼을 낸다고 한다.

사람은 완벽하지 않기 때문에 누구나 실수를 저지른다. 혹독한 연습을 거듭해왔어도 잡은 공을 떨어뜨리거나 악송구를 하는 것은 상당히 낮은 확률로라도 일어날 수 있는 피하기 힘든 실수이다. 그와 대조적으로 주의를 기울이지 않아 저지른 실수는 신경을 조금만 쓰면 일어나지 않는다. 따라서 프로로서 부끄럽게 여겨야 하는 실수이다.

실수는 이처럼 그 종류와 질에 따라서 반성법도 수정법도 달라진다. 그러니 어떤 실수도 용서하지 않겠다는 태도로 자신이나 상대를 비난할 필요는 없다. 어느 정도의 실수는 어쩔 수 없다는 작은 관용은 베풀어도 된다.

문제는 용서받지 못할 실수를 저질렀을 때 어떤 태도를 보이느냐이다. 심각한 실수를 저질렀을 때는 우선 실수를 저질렀다는 사실에서 눈을 돌리지 않아야 한다. 발뺌이나 변명도 하면 안 된다. 실수에 눈을 감고 없었던 일로 하면 다시 같은 실수를 반복하게 될 것이다.

다만 필요 이상으로 후회하거나 비난할 필요는 없다. 중요한 것은 실수라는 상처를 더 벌리지 않는 것이다. 예를 들어 승부를 하는 중에 자신이 저지른 실수에 미련을 가지는 바람에 그대로 연이어 패배하는 경우가 있다. 이는 실수에 지나치게 사로잡혀서 자멸하는 패턴이다. 그렇게 되지 않으려면 실수를 있는 그대로 받아들이고 더 확대시키지 않아야 한다. 이때 자신뿐만 아니라 상대도 같은 실수를 저지를 수 있다고 생각하면 자멸의 흐름을 막을 수 있다.

이처럼 한 가지 의식에 지나치게 사로잡혀 피해를 확대시키는 것은 주사를 예로 들어 설명하면 이해하기 쉽다. 어린아이들은 주사를 맞으면 큰 소리로 울지만, 어른 중에는 주사를 맞는다고 우는 사람이 없다. 어린아이가 우는 것은 주사를 맞을 때의 아픔이 공포나 불안 때문에 몇 배나 증폭되기 때문이다.

나는 승부를 하다가 실수를 저지를 때면 '큰일이다, 다 틀렸군'이라고 생각하지 않고 '이런 실수를 저지르다니 흥미롭네'라는 식으로 실수 자체를 어느 정도 즐기는 여유가 있다. 그래서 실수라는 상처가 벌어지는 것을 방지할 수 있다.

보통 실수를 저지른 사람은 비난을 받으면 "앞으론 두 번 다시 실수하지 않겠습니다"라고 말한다. 하지만 그 말은 거짓이 되는 경우가 많다. 형태나 성격은 다르지만 알맹이는 닮은 실수를 재차 반복하는 사람이 대부분이다. 그런데 어째서 몇 번이나 같은 실수를 저지르는 것일까.

실수를 저질렀을 때는 말할 필요도 없이 그것을 어떻게 만회하는지가 관건이다. 하지만 비슷한 실수를 반복하는 사람은 회복하는 방법을 구체적으로 생각하려고 하지 않는다. 후회만 할 뿐 실수의 원인을 구체적으로 파악하여 어떻게 수정할지 꼼꼼하게 생각하지 않는 것이다. 즉 감정이나 기분 선에서 실수를 받아들인다. 하지만 실수에 대해서는 가능한 한 감정으로부터 거리를 두고 객관적으로 파악해야 한다.

실수에 대한 대처법이 잘못되면 그로 인해 나빠진 흐름이 더욱 나쁜 방향으로 흘러간다. 적절한 타이밍에 어떤 방법으로 올바르게 수정하는지에 따라 운은 다시 돌아오거나 멀어진다는 것을 잊지 말자.

실수

실수는 일단
받아들이고 잊는다

| 후지타 스스무

마작 최강전 파이널 시합 전에 사쿠라이 씨로부터 "실수에 올바르게 대처하면 운은 돌아온다"라는 말을 듣고 문득 깨달았다. 그리고 실전에서 그 의미를 살려서 싸울 수 있었다.

나는 부주의로 인한 사소한 실수가 운을 놓치게 만드는 가장 큰 이유라고 생각했다. 한창 승부가 벌어지는 중에 실수를 저질러서 집중력이 끊기는 것은 '세면대에서 얼굴을 드는 행위'에 가깝기 때문이다. 물론 그 사실은 틀리지 않다고 생각한다. 하지만 결국 모두 인간이므로 누구에게든 실수는 생기는 법이다. 내가 문득 깨달은 것은 실수에 대한 대처법이었다.

실수를 저질렀을 때, 예를 들어 골프의 마지막 라운드에서 누구든 넣을 수 있을 법한 짧은 퍼트가 빗나갔다고 하자. 그 실수를 한 것에 풀이 죽어서 다음 공을 칠 때까지 미련을 가지고 있으면 그 선수는 계속해서 스코어를 잃을 뿐이다. 그렇다고 실수를 아예 없었던 것으로 삼고 아무 생각도 하지 않는 사람도 옳지는 않다. 실수를 저질렀다는 사실을 일단 받아들이고 원인을 생각하지 않으면 그는 다시 같은 실수를 반복할 테니까 말이다. 다시 말해 실수한 사실을 일단 확실히 받아들이고 그런 후에 잊어버려야 한다.

비즈니스에 비추어 생각해보면 나는 실수를 저지른 사원을 다음번에 기용할 때 위와 동일한 판단 기준을 가지고 있다. 실수를 저지른 것 자체는 문제가 되지 않는다. 다만 그것에 미련을 가지고 있는 사람은 안 된다. 반대로 현실에서 눈을 돌리고 실수를 전혀 없었던 일로 하려는 사람도 안 된다. 실수를 저질렀다는 사실을 일단 받아들여서 반성하고 다음으로 나아가는 사람만이 성장할 수 있기 때문이다.

사쿠라이 씨로부터 조언을 듣기 전까지 나는 '절대로 실수하지 말아야지'라며 신경을 곤두세우곤 했다. 그런데도 역시 실수를 저질렀고 그럴 때마다 마음이 크게 동요했다. 왜냐하면 한 번이라도 실수하면 치명타라고 생각했기 때문이다.

하지만 대처법을 알고 나니 마음이 상당히 편해져서 몸에 들어간 불필요한 힘을 뺄 수 있었다. 또한 일단 실수를 받아들임으로써 어디가 잘못되었는지 중간에 깨닫고 수정할 수 있게 되었다. 일에서도 실수에 대한 대처법을 아는 것과 모르는 것은 상당히 다를 것이다. '실수를 저지르면 일단 확실히 받아들이고 잊는다.' 이 말을 기억해두면 적어도 손해볼 일은 없다.

준비 부족을
운의 탓으로 돌리지 마라

| 사쿠라이 쇼이치

어떤 사람에게 이런 질문을 받은 적이 있다. "긴 시간을 들여서 정성스럽게 준비했는데 실전에서 실패했습니다. 예상되는 다양한 실수를 사전에 모두 떠올려서 그렇게 되지 않도록 만전의 대책을 강구하고 연습도 필사적으로 해왔어요. 그럼에도 실패했다면 이건 운명의 장난인가요?"

그는 자신이 컨트롤할 수 없는 운과 불운의 세계가 있으며, 운에 버림받으면 아무리 노력하고 용의주도하게 준비를 거듭하더라도 소용없다는 말을 하고 싶었던 듯하다. 준비는 분명 무척이나 중요하다. 마땅한 준비를 제대로 하면 대부분의 일은 원활하게 풀린다.

나는 주관하고 있는 마작 도장에서 도장생에게 '준비, 실행, 마무리'가 중요하다는 말을 자주 한다. 준비를 소홀히 해서는 원활하게 실행될 리가 없고, 원활하게 실행이 되더라도 마무리를 제대로 하지 않으면 다음 준비에서 실수가 발생하는 법이다.

준비와 실행과 마무리는 한 세트이며 그 순환을 제대로 해내면 다음번 순환으로 깔끔하게 이어진다. 그 선순환을 생각하며 제대로 준비하고, 실행하고, 마무리하면 저절로 운이 따를 것이다.

그렇다면 제 나름대로 준비를 완벽하게 했음에도 실전에서 실패한 그 사람은 어디가 잘못된 것일까? 완벽할 정도로 할 수 있는 준비를 다 했다고 하지만 과연 그러했을까.

먼저 혹시라도 심각한 사태로 발전할지도 모를 사소한 누락을 간과하지는 않았는지 생각해야 한다. 비즈니스에서도 스포츠에서도 실전에서는 상대가 얽혀 들기 마련이다. 그렇다면 자신만의 시각에서 준비를 해서는 안 된다. 상대의 시각에서, 상대적인 시점으로 전체를 봐야만 빠짐없이 준비할 수 있다. 또는 준비를 빠짐없이 했더라도 실행하는 타이밍이 전체의 흐름에서 보았을 때 나빴을 수도 있다. 혹은 예상외로 환경이나 조건이 좋지 않아서 악영향을 미쳤을 수도 있다.

이처럼 만반의 준비를 했어도 실행했을 때 나쁜 요소가 잠재해 있는 경우는 얼마든지 있다. 하지만 준비라는 것은 그런 것도 모두 예상한 후에 행해져야 한다. '준비를 이렇게나 꼼꼼하게 했는데!' 하며 운을 탓하면 그 사람의 성장은 거기서 멈추는 것이다.

상대의 입장을
구체적으로 상상한다

| 후지타 스스무

일을 잘하는 사람은 준비를 빠짐없이 한다. 거기에 예외는 없으리라고 생각한다. 겐토샤의 겐조 도우루 사장은 소소한 접대에도 상당히 정성을 들여서 준비를 한다.

겐조 사장과 회식을 할 때는 나 또한 그렇지만, 거의 모든 사람이 무척이나 즐겁게 편안한 시간을 보내는 것 같다. 철저하게 상대의 입장과 상대의 시각에서 자리를 준비하기 때문이다. 모임 장소 예약을 할 때도 비서를 통하지 않고 직접 전화를 걸어서 메뉴에서부터 좌석의 위치까지 상세히 요청한다. 그렇게 하면 회식에 신경을 쓰는 사장의 마음이 식당 측에 잘 전해져서 좋은 의미의 긴장감을 줄 수 있기 때문이다.

거래처와의 협의나 교섭, 사내외의 프레젠테이션, 고객에 대한 영업 활동 등 비즈니스에 있어서 준비란 상대방을 위한 경우가 적지 않다. 그때 상대의 시각에서 이해하고 준비하는 사람이 비즈니스맨으로서 우수하다고 할 수 있다.

예전에 인터넷에서 누군가 한 말인데, 비즈니스맨에게는 세 단계의 진화 과정이 있다고 한다. 첫 번째는 '자신을 상대에게 보여주는 단계'이다. 이 단계에서는 자신과 관련된 일에만 시선이 가 있으므로 프레젠테이션을 할 때도 자기를 어필하고 싶고 세일즈를 해도 좀처럼 메시지가 상대에게 전해지지 않는다. 거기서 한 단계 진화하면 이번에는 '상대의 입장을 상상하는 단계'가 된다. 그리고 더욱 진화하면 '상대가 본 자신을 상상하는 단계'까지 이른다.

프레젠테이션을 들어보면 그 비즈니스맨이 세 단계 중 어디에 위치하는지 확연히 보인다. 우선 긴 시간 동안 일방적으로 이야기하는 사람은 틀림없이 자신을 상대에게 보여주고 싶은 단계에 머물러 있다. 이런 사람은 꽝장한 양의 자료를 시간을 들여 준비하고 프레젠테이션이 끝나면 아주 만족스러운 표정을 짓고 있다. 오로지 자기만족의 세계에 머물러 있어서 상대에게는 그의 말이 닿지 않았는데도 말이다.

다음으로 상대의 말을 듣는 것에 힘을 실으면서 그에 응하도록 노력하며 프레젠테이션을 하는 사람은 두 번째 단계이다. 상대가 무엇을 바라는지 상상하려고 노력하는 것이다. 더 나아가 세 번째 단계의 능력이 있는 사람은 상대의 입장을 상상한 후에 자신에게 무엇을 기대하는지, 자신을 어떻게 보는지까지 상상한다. 그런 사람은 누구를 대하든 상대에게 편안한 존재가 된다. 이처럼 상대를 상상하는 힘을 기르면 업무 능력이 한층 더 향상될 것이다.

그런데 상상이라는 능력은 누구에게나 있는 것이므로 왠지 모르게 가볍게 생각하는 듯하다. 상상을 할 수 있느냐 없느냐가 아니라 많은 사람들이 상상을 전혀 하지 않는다고 느껴질 정도이다.

나는 좀처럼 화를 내지 않는 편이지만, 예전에 심야에 택시를 불러놓고 막상 택시가 왔을 때 계속 기다리게 한 사원을 강한 어조로 꾸짖은 적이 있다. 택시 기사가 한창 돈을 벌 시간대에 오랫동안 기다리며 어떤 생각을 하고 있을지 조금만 상상해보면 알 수 있기 때문이다. 또한 레스토랑에 단체 예약을 해놓고 전날이 되어 태연하게 취소한 사원도 마찬가지로 꾸짖었다. 자리를 확보하기 위해 다른 예약을 거절했을 수도 있고 준비한 식자재를 버렸을 수도 있다고 생각하면 그 레스토랑 담당자의 기분은 간단히 짐작할 수 있으니 말이다.

혼이 난 직원은 택시 기사나 레스토랑 직원과는 두 번 다시 만날 일이 없다고 생각했을지도 모른다. 하지만 그런 자세는 반드시 다른 곳에서도 나타난다. 그리고 자신도 모르는 사이에 타인에게 원망을 사고 운기를 떨어뜨린다. 반대로 상상력을 발휘하여 상대의 입장을 생각해서 배려한다면 업무 능력도 향상되고 응원해주는 사람도 늘어서 운기가 저절로 상승할 것이다.

분위기를 애써
읽으려고 하지 마라

| 사쿠라이 쇼이치

'분위기를 파악하지 못하는 사람'을 야유하는 의미의 'KY'◆라는 말이 한때 유행했다. 하지만 나는 분위기를 파악하지 못하는 것이 반드시 나쁘다고는 생각하지 않는다.

모두가 함께 뭔가를 하는 자리에서 분위기를 신경 쓰지 않고 제멋대로 주장을 펼치거나 행동하는 것은 확실히 문제가 있지만, '분위기를 파악하지 않는 것' 자체를 잘못됐다고 한다면 그건 과

◆ 분위기 파악을 못 한다는 뜻의 일본어 '空気讀めない(Kūki Yomenai)'를 이니셜로 표기한 말.

연 옳은가 하는 생각이 든다.

팀플레이나 집단행동을 잘하는 일본인은 원래 분위기를 잘 파악하는 편이다. 패션, 음식, 음악 등의 분야에서 수시로 유행이 바뀌는 것도 그 배경에는 주변 분위기에 맞추려는 심리가 강하게 깔려 있다. 이와 같이 모두와 공유하는 분위기에 민감하기 때문에 분위기를 파악하지 못하는 사람을 한층 더 비판적으로 본다.

KY라는 말이 나온 것도 사회 전반의 동조압력同調壓力◆이 강한 탓인지도 모른다. 개인주의가 발달한 서구 문화권에서라면 아마도 KY를 새삼스레 문제 삼아 비판적으로 보는 일은 없을 것이다. 개개인이 자기방어적인 경향을 보일 때 사회의 동조압력이 강해지는데 그것은 사회 전체의 활력이 결핍돼 있기 때문이다.

분위기를 파악하지 못하는 사람을 공격의 대상으로 삼는 사회는 위험을 내포하고 있다. 주변의 분위기에 지나치게 맞추면 자신의 의견이나 주장을 펼치기 힘들어진다. 그런 환경에서는 자유롭고 독창적인 발상이 나오기 힘들다. 사회가 활력을 띠려면 '모난 돌'이 많이 나타나야 한다. 하지만 분위기를 신경 쓰는 풍조가 강하면 세상 밖으로 나오려고 하는 사람이 있다가도 자기 스스로 그 모서리를 깎아서 제자리로 돌아가버릴 수도 있다.

◆ 다수의 의견에 동의하도록 소수에게 가하는 암묵적인 압력.

나는 인간이란 자신의 길을 스스로 개척해나가야 하는 존재라고 생각한다. 주변의 분위기를 신경 쓰기만 하는 사람은 결코 자신의 길을 걸을 수가 없다. 따라서 분위기를 읽지 못할 만큼 둔감하다면 곤란하겠지만, 굳이 읽으려고 하지 않는 내면의 힘을 갖춘 사람을 비난할 수는 없다. 삶의 방식까지 주변의 분위기에 맞춰서 타인과 동일하게 만들어야 할 이유는 어디에도 없기 때문이다.

주변에
휩쓸리지 않는다

| 후지타 스스무

난치병인 루게릭병 연구를 지원하는 '아이스 버킷 챌린지^{Ice Bucket} ^{Challenge}'라는 자선 활동이 있다. 지명된 사람이 양동이에 담긴 얼음물을 머리부터 뒤집어쓰고 다음 도전자를 지명하는 것이다. 일본에서는 소프트뱅크의 손정의 회장과 노벨 생리의학상을 수상한 야마나카 신야山中伸弥 교수도 동참해서 주목을 받았다. 지명된 사람은 양동이에 담긴 얼음물 뒤집어쓰기나 후원금 기부하기 중에서 선택할 수 있다.

그런데 특히 유명인의 경우에는 본인의 의사와는 관계없이 아이스 버킷 챌린지에 응할 수밖에 없는 압력이 있었다고 생각한다. 거절하면 '착한 마음이 부족하다'고 여겨질 것 같아서 어쩔 수 없이 응했던 사람도 상당수 있지 않았을까.

많은 사람들이 결국은 비난받고 싶지 않기 때문에 사회의 동조압력에 굽힌 것이라고 본다. 내 경우에는 지명이 왔을 때, 이제 활동이 충분히 확산된 것으로 보였고 인터넷상의 여론몰이 같은 것에 작은 반발심도 생겨서 거절했다.

근래에 인터넷이 보급됨에 따라 사회의 동조압력은 갈수록 강해지는 듯하다. 인터넷 세계에서는 다수의 가치관과 의견에서 벗어난 사람을 집중 공격하는 일종의 괴롭힘에 가까운 행태가 너무나 많다. 모두의 생각이 조금 잘못된 것 같다고 발언을 하는 것만으로도 그 사람은 집중 공격의 대상이 되어 비난하거나 중상하는 댓글이 쇄도하는 '현대판 마녀사냥'도 빈번하게 일어나고 있다.

나는 마녀사냥에 가담하는 사람이나 다수파의 의견에 바로 휩쓸리는 사람은 마음이 나약해서라고 생각한다. 그리고 그런 사태를 볼 때마다 사람은 머리보다 마음을 단련해야 한다고 느낀다.

무엇이 타당한지 아닌지, 무엇이 중요한지 아닌지에 대한 가치관을 가지는 것은 인생을 살아가는 데 있어서 매우 중요하다. 자기만의 명확한 가치관이 있으면 타인과 비교해서 얻은 가치관은 무의미해질 것이다. 그리고 자기만의 가치관을 가지려면 마음이 강해야 하며, 마음이라는 것은 매일 자신과 마주함으로써 단련된다.

지금까지 나는 스스로의 가치관을 중요하게 여기며 살아왔다. 직장을 선택할 때도 친구나 동급생 대부분은 이름이 알려진 대기업에 들어가는 것이 타당하다는 가치관에 지배당하고 있었지만, 나는 나 자신과 마주하여 더 빨리 활약할 수 있다고 판단한 벤처기업에 입사하는 길을 선택했다.

내 사업을 시작할 때 주위에서 아직 너무 어리다든지 인터넷 분야는 사업 아이템으로 삼기에 적합하지 않다는 말을 많이도 들었지만, 나는 내 가치관에서 우러나오는 직감을 믿었다. 그때 모두의 가치관에 맞추었다면 지금의 우리 회사는 존재하지 않을 것이다.

사회나 세간이 빚어내는 공기, 즉 분위기에 과도하게 맞추면 그 사람의 존재도 '공기'처럼 흩어진다. 분위기를 지나치게 신경 써서 실제로 그 사람 자신이 공기처럼 묻혀버린 예를 많이 보았다. 세간의 분위기에 지나치게 맞추면 개성이 결여된 존재감 없는 인간이 되는 것이다. 따라서 나는 굳이 분위기를 파악하지 않는 것도 괜찮다고 생각한다.

많은 사람이 분위기를 파악하는 게 상대에게 맞추는 것이라고 오해하고 있다. 그러나 그 두 가지는 성격이 다르다. 지금 처한 입장에서 자신이 어떻게 해야 하는지 머리로 판단하는 것이 분위기를 파악하는 것이다. 그리고 거기서 자기 의견이나 원하는 바를 말하지 않으면 단순히 상대에게 맞추고 있을 뿐인 것이다.

만약 어떤 모임에 초대를 받았다면, 그 모임의 드레스 코드가 정장인지 평상복인지, 주로 나누는 대화 주제는 무엇인지 미리 파악하고 준비하는 게 참석하는 다른 사람들과 분위기를 맞추는 것이다.

하지만 거기서 자신의 의지와 소신을 충분히 밝혀야 하는 때가 온다면 다수파의 의견에 휘둘리거나 분위기에 편승하지 말고 자신만의 생각을 표현하는 게 맞다. 나는 그것을 실행할 수 있는 사람이 최강의 비즈니스맨이라고 생각한다.

부진

부진한 상태야말로
자신의 실력이다

| **사쿠라이 쇼이치**

경제 전문가들은 버블 이후의 일본 경제를 흔히 '잃어버린 20년'이라고 평가한다. 그것은 경제 관점에서 본 것에 지나지 않는데 마치 일본인의 인생까지 포함해서 잃어버렸다고 하는 뉘앙스가 있다. 하지만 사람들은 여전히 열심히 생활해왔고 그 속에서 회로애락을 느끼며 살아왔다. 사람이 살아가는 현실이 있는 한, 그곳에 '잃어버린 세월'이 존재할 리 없다. 사람은 딱히 경제만으로 살아가는 것이 아니니까 말이다.

게다가 잃어버린 20년이라고 말하는 사람은 이전의 경기가 호황이던 시기를 기준으로 삼아 일본 경제를 보고 있는 것이다. 하지만 버블 경제는 말 그대로 '거품'이라는 환상이니까 애초에 기준으로 삼는 것 자체가 잘못되었다.

그런데 많은 사람들이 자신의 인생에 있어서도 이와 유사한 사고를 한다. 최상의 상태일 때를 기준으로 삼아서 자기 인생을 바라보는 것이다. "그때는 참 즐겁고 행복했었지", "한때는 그렇게 잘나갔는데", "그때는 그렇게 돈벌이가 좋았어"라는 식이다. 지금과 당시를 비교하며 '어째서 이렇게 돼버린 걸까?' 하고 후회하거나 '아니, 지금 모습은 본래의 내가 아니야' 하는 착각에 빠지고 마는 것이다.

상황이 순조로우면 바로 들떠서 '이게 원래 내 실력'이라고 잘난 체하면서 반대로 상황이 나빠지면 '이건 본래의 내가 낼 법한 결과가 아니'라며 그 사실을 순순히 받아들이지 않는다. 상황이 순조로울 때만 진정한 자신이라는 것은, 산에 정상만 있다고 말하는 것과 같다. 당연히 산이란 정상만 있을 수 없다. 완만하게 경사진 들판과 계곡, 능선과 정상 등이 함께 존재하는 것처럼 인생도 안 풀릴 때와 잘 풀릴 때가 있는 여러 번의 기복으로 완성된다.

상황이 순조로운 것은 한순간의 우연이었을 뿐일지도 모른다. 그럼에도 순조로울 때는 '실력'이라고 굳게 믿고 부진할 때는 '우연'이라고 받아들이는 것은 어리석다. 이런 사람은 스스로를 평가할 때 대체로 점수가 후하다. 자존심이나 자기애가 작용해 높이 평가하게 만드는 것이다.

하지만 어떤 형태든 부진한 것 또한 그 사람의 실력에 포함된다. 나는 부진한 상태야말로 진짜 나의 실력이라고 생각한다. 그렇게 생각하면 실제로 상황이 좋지 않을 때도 여유가 생긴다. "반딧불이가 들판 같은 우리 집에 날아들었네"라는 고바야시 잇사小林一茶◆의 하이쿠에서처럼 집을 들판과 마찬가지라고 여길 수 있는 마음의 여유를 가진다면 집안 사정이 어려워지거나 수입이 줄어들어도 그다지 동요하지 않을 수 있다.

일이 순조로울 때 이게 내 실력인 줄 알고 들떠 있으면 일이 안 풀릴 때 당황하게 될 테고, 우연히 그런 것이라고만 치부하면 원인을 찾거나 구체적으로 개선하는 것을 소홀히 하게 된다.

부진한 것도 틀림없는 자신의 실력이라고 생각하면 만약 일이 순조로워도 들뜨지 않고, 반대로 부진해도 그것을 순순히 인정하고 재빨리 수정할 수 있다. 그때를 기준으로 삼아서 자신의 상황을 생각하면 운의 기복도 다시 안정된 상태로 돌아올 것이다.

◆ 에도 시대 일본의 하이쿠 시인.

부
진

최상의 상태는
본래의 자신이 아니다

| 후지타 스스무

일본에는 신생 벤처기업에 주는 상이 몇 가지 있다. 그런데 들어 본 바로는 대상을 수상한 기업은 그다지 오래가지 못하고 대부분이 몇 년쯤 후에 도산한다고 한다. 상을 받게 되면서 이것이야말로 본래의 우리 실력이라고 착각하기 때문이다. 상을 받은 순간부터 슬럼프가 시작되는 것이다.

상을 받는다는 건 당연히 기업력이 절정에 오른 최상의 상태, 바꿔 말해서 지나치게 승승장구하는 상태인데, 사실 이것은 비즈니스에 있어 실패의 원인이 되는 경우가 상당히 많다. 내실이 동반되어 승승장구한다면 그렇게 간단히 무너지지 않을지도 모르지만, 넘치는 여세로 승승장구하는 기업이나 사람은 때로 성장 속도가 너무 빨라서 기반이 아직 탄탄하게 다져지지 않은 경우가 대부분이다.

최상의 상태를 자신의 본래 모습이라고 생각하면 현실에 적합하게 대응하지 못한다. 하지만 최상의 상태를 기준으로 삼지 않고 미숙한 내면을 기준으로 생각하고 움직이면 그 기업이나 사람은 축에서 벗어나지 않고 건실하게 성장을 거듭할 수 있을 것이다.

내가 열여덟 살에 후쿠이 현에서 상경했을 때, 처음에는 가나가와 현의 사가미오노 역 근처 원룸에 살았다. 이후 사업이 확장되면서 넓은 집으로 옮겼고 지금은 도심에 있는 널찍한 집에 살면서 그런대로 생활하고 있지만, 나의 출발점은 여전히 사가미오노의 원룸이며 아무리 운이 거듭되고 주변에서 치켜세워도 언제든지 그 시절의 생활로 되돌아갈 수도 있다는 마음가짐으로 일해왔다.

그로부터 20년 이상 지난 지금에 와서는 나름대로 내면도 성장했고 어지간해서는 도산하지 않을 정도의 기반도 다졌기에 그 시절로 돌아갈 일은 아마 없을 것이다. 하지만 기본적인 생각은 달라지지 않았다. 자신을 과소평가하는 것은 괜찮지만 우쭐해지지 않도록 과대평가만큼은 절대로 해서는 안 된다고 생각하고 있다. 대부분의 사람은 나를 과대평가하는데, 그중에는 일부러 큰 기대를 걸어놓고 나중에 발을 걸어 넘어뜨리려는 악의를 가진 사람도 있다. 그래서 반드시 그것보다는 아래에 나 자신을 두는 것이다. 다만 최악의 지점에 자신의 기준을 두면 부정적이고 어두운 사람이 되므로 그렇게까지 비하할 필요는 없다.

사람은 자신에 대한 평가를 아무래도 조금 높게 하기 마련이므로 순조로울 때와 부진할 때의 중간보다 조금 아래쯤, 즉 평소 자신이 느끼고 있는 것보다는 조금 아래쯤에 자신의 기준을 두는 것이 가장 안정적이라고 생각한다.

지지 않는
1등의 조건

| 사쿠라이 쇼이치

승부에서 연달아 이기는 것은 거의 불가능에 가깝다. 마작에서 진검 승부를 겨루고 있을 적에, 내가 어떤 것에 유의했는지 말하고자 한다. 이는 마작뿐만 아니라 스포츠나 비즈니스와 같이 경쟁하는 상대가 존재하는 모든 경우에 적용할 수 있다.

정상에 오르면 어떻게 해서 그 위치를 계속 보전할 수 있을지 여러모로 고심한다. 다음에는 어떤 수를 쓸까, 어떤 전략을 세워서 전진해야 할까 등 이것저것 생각하여 행동으로 옮기지만 그때 자신에게 지나치게 초점을 맞추다가 추격해오는 2위와 3위에 대한 대책을 소홀히 하는 사람이 적지 않다.

1위 자리를 유지하려면 대전 상대를 시야에 두고 전체를 보는 통찰력을 끊임없이 유지해야 한다. 마작 승부에서는 나는 3위와 4위보다도 2위를 가장 많이 공격했다. 2위와 경쟁하여 상대를 3위로 떨어뜨리는 싸움을 하는 것이다. 만약 시간이 촉박하다면 3위에게도 동시에 승부를 걸어서 3위의 힘으로 2위의 기세를 꺾을 수 있도록 의식적으로 실행했다.

정상을 유지하려면 2위뿐만 아니라 3위와의 관계까지 의식하는 것이 중요하다. 3위는 2위가 하락할 기미가 보이면 절호의 기회라고 생각하여 2위를 집중적으로 공격한다. 그렇게 되면 2위는 바짝 뒤쫓아오는 3위에 정신을 빼앗겨서 1위보다도 3위에 의식을 집중하기 시작한다. 그리고 2위와 3위가 서로 싸워주면 그 사이에 1위는 여유를 가지고 싸울 수 있는 것이다.

조직에서도 정상에 있는 사람이 자신의 자리를 지키기 위해서 2인자나 3인자를 교묘하게 이용하는 것은 흔한 이야기이다. 3인자나 4인자를 부추겨서 2인자와 싸우게 하면 2인자가 에너지를 그쪽에 빼앗기므로 정상의 자리는 그동안 무사하다.

스포츠 세계에서도 마찬가지이다. 1위인 선수가 자신의 위치를 유지하려고 3위를 부추겨서 2위와 일부러 대전시키기도 한다. 물론 그런 것은 1위에게 실력의 여유가 없으면 당연히 불가능하다. 정상에 버티고 있기도 벅차서 상대를 살필 여유가 없으면 순식간에 함락될 것이다.

2위와 3위의 싸움을 이끌어내서 1위를 고수하는 이 논리는 마작과 같이 짧게 제한된 시간 내에 이루어지는 승부에 확실히 효과적이다. 그러나 프로야구나 축구처럼 몇 개월에 걸쳐서 경기를 하는 경우에는 2위와 3위가 서로 절차탁마함으로써 기세나 힘을 길러 반대로 1위의 자리를 위협하는 일도 얼마든지 있다.

무엇보다 일강다약一强多弱의 상황은 전체의 쇠퇴로 이어질지도 모른다. 1위 뒤에 2위와 3위가 바짝 쫓아와서 앞서거니 뒤서거니 하는, 서로를 자극해서 발전하는 관계를 유지하는 편이 전체에 있어서는 활기차고 좋은 일이다. 그러니 정상에 올랐다는 사실에 지나치게 사로잡히지 않고 상대를 생각하며 전체를 좋은 방향으로 이끌어가는 1위야말로 진정한 승자라고 할 수 있다.

승자의 역할

멀리 가려면
함께 가라

| 후지타 스스무

"일강다약한 상황은 전체의 쇠퇴로 이어질지도 모른다"라는 사쿠라이 씨의 말을 나는 뼈저리게 이해하고 있다.

예를 들어 어느 상품 시장에서 100을 독점하고 있는 기업이 있다고 하자. 하지만 그 시장의 잠재적인 규모는 1,000에 해당할 수도 있다. 이때 독점하지 않고 2위, 3위 기업과 더불어 경쟁을 한다면 1위인 기업이 절반만 점유해도 500이 된다. 경쟁 상대가 있다면 고객의 선택지가 늘어나고 서로 절차탁마할 수 있으므로 상품은 계속 진화하기 때문이다. 경쟁하지 않고 독점하여 타사를 허용하지 않는 1위 기업은 사실상 손해를 보고 있는 것이다.

1위인 기업이 시장 전체를 생각하며 사업을 추진한다면 시장은 활성화되어 전체 규모가 확대될 것이다.

사이버에이전트는 창업기에 '사이버클릭'이라는 클릭 보증형 광고 사업으로 성장하여 상장한 회사이다. 원래는 밸류클릭재팬 Value Click Japan이라는 회사가 앞서 클릭 보증형 광고 사업을 하고 있던 중에 우리가 후발 주자로 뛰어들었는데 그로 인해 시너지효과가 생겼다. 당시 상대는 사이버에이전트가 모방했다고 노발대발했지만, 결과적으로는 서로 경쟁하며 시장은 점점 커졌고 두 회사 모두 매출을 신장시킬 수 있었다.

만약 밸류클릭재팬이 모방하지 말라고 초기 단계에서 우리 회사를 걸고넘어져 도산하게 만들었다면 시장은 거의 형성되지 않았을지도 모른다. 실제로 그 무렵 일본 이외의 국가에서는 클릭 보증형 광고 시장이 없다고 해도 무방할 만큼 성장세가 약했다. 인터넷 업계에서는 이와 비슷한 일이 종종 일어난다. 새로운 사업은 경쟁 상대가 있는지 없는지 모르는 상황에서 시작하여, 회사 몇 군데가 참여하고 서로 경쟁하면서 '어느 쪽이 고객에게 선택받을까'로 이어지며 판이 커지는 것이다.

개인의 업무에 있어서도 비슷한 상황은 많다. 눈앞의 이익에 현혹되어 일의 성과를 독차지하려고 하는 사람이 있다. 그러나 이런 사람은 점차 주위의 미움을 사서 누구도 협력해주지 않는다. 단기적으로는 이득을 얻고 돈을 벌었다고 생각할지 모르지만, 장기적인 안목으로 보면 주변의 신뢰를 잃고 큰 손해를 보게 된다.

아직 어렸던 시절, 한 친구가 새롭게 회사를 차렸을 때 이전 회사에서 자신이 개척한 고객 명부를 가지고 나온 적이 있다. 자기 힘으로 개척했기 때문에 정당하다는 논리에서였다. 그러나 그것은 회사라는 배경이 있었기에 가능했던 일이므로 그의 말은 타당하지 않았다.

나는 근무하던 회사에서 독립하여 지금의 회사를 세웠을 때 그런 행동은 일절 하지 않았다. 모든 것을 내려놓고 제로에서 시작했다. 그러다 예상치 못한 곳에서 여러 사람이 협력해주어 회사를 원활하게 궤도에 올릴 수 있었다. 그리고 발생한 이익은 협력자에게 돌려주었고, 그것이 돌고 돌아서 회사도 커진 것이다.

전체를 보는 눈이 없으면 바로 앞의 것에 시선을 빼앗겨서 그 너머에 있는 큰 것을 얻을 수 없다. 자신의 몫만 생각하면 사람의 그릇이 작아져서 발전해나갈 수 없는 것이다. 자신의 운이 좋지 않다고 생각하는 사람은 눈앞의 작은 이익에 집착하기 때문이다. 괜한 행동이라고 생각될지라도 자신이 얻은 것을 주위에 환원하거나 베풀어가자. 그러면 그것이 돌고 돌아서 사회와 경제의 움직임을 활성화시킬 것이다.

운을 탐하는
사람들에게

| 사쿠라이 쇼이치

마작을 통해 젊은이들의 정신력을 단련하는 것을 목적으로 한 작귀회를 세우고 나서 벌써 25년 남짓한 세월이 흘렀다.

그사이에 헤아릴 수 없을 만큼 많은 젊은이들이 문을 두드렸고 또 떠나갔다. 여전히 기억에 머물러 있는 얼굴이 있는가 하면 잊은 얼굴도 많다. 그중에는 얼굴을 잊었어도 마작의 타법을 보고서 '아, 이런 친구가 있었지' 하고 문득 떠올릴 수 있는 이도 있다.

후지타 스스무 군은 그런 젊은이들 중 한 사람이었다. 이제 기억에서 잊어버리는 사람이 많은 나이가 되었는데, 한동안 도장에 열심히 얼굴을 내밀던 후지타 군은 또렷이 기억하고 있었다.

나는 대리 마작사를 은퇴한 후 작귀회라는 둥지 주변에서 인생의 태반을 보내왔지만, 후지타 군은 둥지에서 날아올라 어느덧 번창하고 있는 벤처기업의 실력자로 각광받기에 이르렀다. 비즈니스계에서 펼쳐온 후지타 군의 눈부신 활약상이 가끔 들릴 때가 있었지만, 물과 기름처럼 확연히 다른 분야라고 생각해 필요 이상의 관심은 가지지 않았다.

세간에서 가치 있게 여기는 것들을 버려온 나와, 반대로 많은 것을 거두어들이고 있는 후지타 군은 사는 세계가 다르다고 생각했다. 게다가 그 후지타 스스무가 작귀회에 다녔다고 말해서 작귀회를 홍보하겠다는, 도리에 어긋난 생각을 하는 일도 물론 없었다. 나는 나, 후지타 군은 후지타 군, 각자의 길을 걸어가면 된다고 생각했다. 하지만 보이지 않는 불가사의한 인연이 어딘가에 있었던 것일까. 작은 것밖에 가지지 않은 스승과 큰 것을 가진 제자. 완전히 정반대 입장에 있는 두 사람이 이번 기회에 운이 맺어준 인연 덕분에 손을 굳게 맞잡았다.

긴 세월이 지나서 만난 후지타 군은 옛날에는 없었던 승부가의 풍격風格을 갖추고 있었다. 그것은 경영자의 최대의 사명이라고도 할 수 있는 조직의 이윤 추구를 초월하여 그가 인간으로서 중요한 것을 단련하고 갈고닦기를 한순간도 게을리하지 않았다는 상징처럼 느껴졌다. 그 점에 있어서 마작에서 정치적인 요소와 경제적인 요소를 멀리하고 살아온 내가 비즈니스계의 챔피언이 된 후지타 군과 이렇게 만나게 된 것이 오히려 필연이라는 생각도 들었다.

잘 아는 회사 경영자들 몇몇은 소유한 것의 무게에 짓눌려 하나 같이 지나치게 괴로워하고 고민하고 있다. 그러나 후지타 군에게는 그런 고뇌의 흔적이 없다. 그것은 그가 '소유'하는 것을 최종 목적으로 삼지 않기 때문이리라. 만약 그가 소유하는 것에 사로잡힌 그릇밖에 못됐다면 이 책의 테마인 '운'에 대해서 분명 온전히 말하지 못했을 것이다. 왜냐하면 운은 그것을 맹목적으로 좇는 자에게는 오히려 찾아오지 않기 때문이다. 야심野心과 운은 완전히 별개라고 할 수 있다.

이 책의 백미는 후지타 군이 정성스럽게 생각을 거듭하고 때로는 번민하면서 내가 말하는 운에 대한 이야기를 일과 삶의 영역 전반으로 확장하여 번역한 부분에 있다. 그러한 뜻에서 이 책의 80퍼센트는 후지타 군의 노력으로 이루어졌다고 할 수 있다.

앞으로도 후지타 군은 한층 더 높은 곳을 향하여 일에 있어서, 승부사로서 그리고 한 인간으로서 과감하게 앞으로 나아가리라 믿는다. 작귀류의 뜻이 이러한 형태로 어느 정도 이어져간다는 사실에 나는 무척이나 기쁠 따름이다. 마지막으로 그에게 이 말을 전하고 싶다.

"이익을 탐하여 다가온 친구는 이익을 탐하여 떠난다."

'왜 저 사람은 뭐든 술술 풀릴까?'

운이 복리처럼 쌓이는 사람들의 습관

초판 1쇄 발행 2021년 12월 6일

지은이 사쿠라이 쇼이치, 후지타 스스무
옮긴이 김현화

책임편집 지윤희
디자인 Aleph design

펴낸이 최현준·김소영
펴낸곳 빌리버튼
출판등록 제 2016-000166호
주소 서울시 마포구 월드컵로 10길 28, 202호
전화 02-338-9271 l **팩스** 02-338-9272
메일 contents@billybutton.co.kr

ISBN 979-11-91228-71-7 03190